HISTÓRIA DE NOSSA SENHORA APARECIDA

Pe. JÚLIO J. BRUSTOLONI, C.Ss.R.

HISTÓRIA DE NOSSA SENHORA APARECIDA

Sua Imagem
e
Seu Santuário

EDITORA SANTUÁRIO
Aparecida-SP

DIREÇÃO GERAL: Pe. Luís Rodrigues Batista, C.Ss.R.
DIREÇÃO EDITORIAL: Pe. Flávio Cavalca de Castro, C.Ss.R.
Pe. Carlos Eduardo Catalfo, C.Ss.R.
COORDENAÇÃO EDITORIAL: Elizabeth dos Santos Reis
COORDENAÇÃO DE REVISÃO: Maria Isabel de Araújo
REVISÃO: Luciana Novaes Russi
COORDENAÇÃO DE DIAGRAMAÇÃO: Marcelo Antonio Sanna
DIAGRAMAÇÃO: Paulo Roberto de Castro Nogueira
CAPA: Marco A. Santos Reis

Dados Internacionais de Catalogação na Publicação (CIP)
(Câmara Brasileira do Livro, SP, Brasil)

Brustoloni, Júlio, 1926-
  História de Nossa Senhora Aparecida: sua imagem e seu santuário / Júlio J. Brustoloni.
— Aparecida, SP: Editora Santuário, 1998.

  ISBN 85-7200-573-0

  1. Maria, Virgem, Santa - Aparições e milagres 2. Maria, Virgem, Santa - Culto
3. Nossa Senhora Aparecida - História 4. Santuário de Nossa Senhora Aparecida - História
I. Título.

98-3813   CDD-232.91

Índices para catálogo sistemático:
1. Nossa Senhora Aparecida: Culto: História: Religião 232.91
2. Virgem Maria: Culto: Teologia dogmática cristã 232.91

Composição, impressão e acabamento:
EDITORA SANTUÁRIO - Rua Padre Claro Monteiro, 342
Fone: (012) 3104-2000 — 12570-000 — Aparecida-SP.

Ano: 2009   2008   2007
Edição: **12   11   10   9   8   7   6**

Apresentação

Nosso povo gosta de Maria de Nazaré, e aqui no Brasil, desde 1717, lhe dá o carinhoso nome de 'Nossa Senhora da Conceição Aparecida', porque ela é Mãe de Deus e nossa mãe. Entre tantos títulos de Nossa Senhora, o de Aparecida é o mais querido do povo. Certamente isto não aconteceu por acaso, mas porque a Mãe de Deus quis ser representada numa pequena, machucada e enegrecida imagem da Imaculada Conceição de Maria para identificar-se com seu povo.

Foi com Maria, e imitando seu exemplo, que nosso povo aprendeu a ter fé e amar a Jesus Cristo, nosso Salvador; foi com Jesus que ele aprendeu a venerar, amar e invocar a Maria, sua Mãe, que é também nossa Mãe. Por isso é que escrevemos este livro 'Aparecida, história da Imagem e do Santuário', em estilo mais leve e menos preso às regras de uma obra histórica.

Meu objetivo é colocar em suas mãos, prezado leitor, uma história simples mas fiel e a preço mais ao alcance de seu bolso. Desejo apresentar-lhe essa história para que você fique bem orientado a respeito da doutrina mariana da Igreja. Para que, confiando em Maria, você possa acreditar, e confiar sempre mais em Jesus Cristo. Para que você possa imitar seu exemplo de vida porque ela foi a primeira discípula a seguir o caminho de Jesus Cristo. Nesse caminho você aprenderá a praticar a justiça e o amor fraterno, que são as condições indispensáveis para que a gente possa participar do Reino de Deus. E com Maria de Nazaré a nosso lado, fica bem mais fácil chegar até Jesus, seguir seus passos. Essa confiança na Mãe agrada demais ao filho Jesus porque Ele sabe que Maria quer que todos os seus devotos o amem e sigam o seu caminho, o caminho de seu Evangelho.

Nestas páginas vamos apresentar como nasceu e cresceu a devoção do povo a Nossa Senhora Aparecida, como a Igreja aprovou o culto público a ela dedicado desde 1745.

Nossa Senhora Aparecida, como Mãe de Deus, tem um compromisso histórico com o povo brasileiro. Quer transmitir a todos os seus filhos esta Mensagem: "Busquem, confiem e esperem com jubilosa alegria a salvação em meu filho Jesus Cristo. Peçam que sua mãe atende".

Você vai perceber e sentir essa mensagem de alegre esperança em cada página dessa história. Leia com interesse e devoção.

Aparecida, maio de 1998

Introdução

𝒜 devoção a Nossa Senhora da Conceição Aparecida faz parte integrante da religiosidade popular brasileira, sendo seu principal sustentáculo. É a força, a alma de suas grandes expressões e manifestações de fé. O Papa Paulo VI afirmava num encontro de reitores dos Santuários da Itália, em 1976, que "existe uma profunda correspondência e uma quase compenetração que tradicionalmente une a Virgem Bendita à piedade popular. Maria ocupa um lugar privilegiado no mistério de Cristo e da Igreja; está sempre presente na alma de nossos fiéis e impregna as profundezas de seu ser, assim como neles desperta externamente todas as expressões e manifestações religiosas".

Nesta história vamos estudar qual foi a importância da devoção e do culto prestado a Nossa Senhora Aparecida. Quais os elementos históricos e religiosos que formaram e sustentaram a devoção do povo a ponto de ter sido uma das causas de sua perseverança na fé católica. Como ficou claramente comprovado durante a primeira santa missão pregada no recémfundado povoado de Aparecida no ano de 1748, a graça da conversão para Cristo foi a principal causa do crescimento da devoção no meio do povo e da sua grande confiança em Maria de Nazaré, que aqui chamamos Senhora da Conceição Aparecida. É a alegria, é a esperança que o povo sente no poderoso patrocínio da Mãe de Deus. Essa esperança é a razão de ser ainda hoje da grande procura do Santuário por parte do povo. A alegria que nasce dessa esperança é a força que faz o povo viver sua vida cristã em meio a tantos obstáculos de ordem econômica, de saúde e de desigualdade de direitos na sociedade.

A celebração da fé no Santuário é o incentivo mais forte para os católicos que o procuram, sejam de vida prática ou indiferentes. Como afirma João Paulo II, o Santuário é também para os indiferentes e até mesmo pelos que vivem uma vida irregular um lugar de acolhida para que estes procurem retomar o compromisso de seu batismo, ou pelo menos reanimar sua fé para caminharem nessa direção.

A partir de 1894, quando os missionários redentoristas assumiram a pastoral do Santuário, sua vocação mariana ficou ainda mais explícita. Retomando o tema da intercessão de Maria em favor de seus devotos eles passaram a inculcar nos peregrinos grande amor e confiança em Nossa Senhora Aparecida. É o que nós redentoristas fazemos há mais de cem anos e cuja experiência se reflete nessa história popular.

1
VALE DO PARAÍBA, TERRA ABENÇOADA

O Vale do Paraíba, situado a sudeste do Estado de São Paulo, recebeu seu nome do rio Paraíba do Sul que serpeia por toda sua extensão. Certamente após o término da criação, Deus teria dito vendo suas belezas naturais, emolduradas pela Serra da Mantiqueira e pelos contrafortes da Serra do Mar: "É muito belo e bom este Vale, derramarei sobre ele minhas bênçãos". E, contemplava, na sua presciência, o Vale coberto pela proteção da Imaculada Conceição de Maria, sua mãe.

Bênção que continuou também depois da primeira maldição que pendeu da Árvore do Paraíso, pois Deus disse que uma mulher haveria de pisar a cabeça da serpente e sua bênção voltaria sobre a terra, pendente da Árvore da Cruz. E, em determinado momento da história, apareceria no Vale o sinal dessa bênção divina: a Imaculada Conceição que se tornaria mais presente e visível numa pequenina imagem.

Na época do descobrimento, o Vale do Paraíba era povoado por tribos indígenas que navegavam pelas águas do rio Paraíba e cortavam as encostas da Serra com suas trilhas e caminhos. Em diversos locais — os assim chamados terrenos arqueológicos — eles deixaram sinais de sua cultura e de sua religião. No sopé da colina de Aparecida encontra-se um desses locais arqueológicos da cultura indígena. Ali bem junto, onde corre o rio Paraíba, eles fizeram um local de culto a seus deuses e a seus mortos. Conforme sua cultura, a colina indicava a aproximação com seus deuses e das águas do rio originava-se a força de suas vidas.

Cerca de 130 anos após o descobrimento — em 1628 — o Vale passou a ser habitado pelo homem branco. Iniciou-se então a bênção de que falamos no início, a predestinação que Deus achou bom dar às populações que iniciavam o povoamento do Vale com a ocupação da terra. Naquele ano, foi concedida uma das primeiras sesmarias ao Sr. Jaques Félix na região do rio Una, afluente do rio Paraíba, sob a invocação e bênçãos da Imaculada Conceição de Maria, pois a sesmaria tinha sido concedida pela Casa de Vimieiro, da Capitania da Imaculada Conceição de Itanhaém. Sem dúvida esse fato foi o primeiro sinal de bênção para os habitantes do Vale do Paraíba, sua primeira predestinação para o amor de Jesus Cristo por intercessão de Maria Imaculada.

Etapas das bênçãos divinas

Em 1636, Jaques Félix funda o povoado de São Francisco das Chagas de Taubaté. Após a fundação dessa Vila, seguiram-se as fundações de Guaratinguetá, Imaculada Conceição de Jacareí e, na ordem e no tempo, sucederam-se as outras cidades do Vale.

Em 1717, aparece no Vale o sinal da bênção maior, um sinal de libertação: uma imagem quebrada da Imaculada Conceição de Maria. Imagem, sinal que se reveste da cor da população do Vale e de todo o Brasil: a cor escura do sofrimento e da falta de perspectivas de liberdade. Esse fato trouxe o maior sinal de bênção para o Vale do Paraíba e para o Brasil: a Imaculada Conceição da Mãe de Deus, que é o caminho mais fácil para nosso povo se achegar até Jesus Cristo. Sob a cor escura, a Mãe Aparecida quer abençoar a mescla das raças: branca, indígena e negra.

A partir de 1780, o Vale foi abençoado com os canaviais que passaram a cobri-lo. Progresso e bênção que seriam para todos, e que foram negados aos de cor negra e parda, aos escravos. Estes se tornaram mais numerosos depois da implantação do ciclo da cana-de-açúcar. Seu trabalho fazia escorrer para os senhores de engenho a riqueza do caldo da cana. Riqueza e progresso para o homem branco, enquanto que eles, o negro e o pardo, tão humanos quanto o branco, tiveram que suportar uma vida quase desumana... sem liberdade de trabalho e de vida para sua própria realização pessoal. Mas a Imaculada Conceição de Maria, sob o título de Aparecida, dará um primeiro sinal de desaprovação dessa situação de injustiça, libertando o escravo Zacarias das grossas e pesadas correntes ao implorar junto dela seu poderoso patrocínio.

A década de 1845 marca outro sinal de bênção para o Vale: chega a riqueza do café. Suas folhas verde-escuras e suas flores brancas e perfumosas começam a enfeitar e colorir suas colinas. Seus grãos verdes, amarelos e vermelhos fazem a riqueza dos senhores do café. Café que trouxe nova bênção: riqueza e prosperidade que foram canalizada somente para os senhores brancos; café que trouxe ainda maior contingente de negros escravos perpetuando a injustiça da escravidão e conservando o povo submisso à vontade da classe dominante, da elite formada pela riqueza mal distribuída do café. Essa riqueza perdurou por décadas, como também a exclusão dela pelos pobres.

Em 1877, a Estrada de Ferro corta o Vale; em 1927, a Estrada de Rodagem Washington Luís constrói uma estrada paralela de progresso; aquela transportando gente e mercadorias, movida pela força do carvão-vapor, e esta, impulsionada com o petróleo. Décadas depois, ao lado dessas duas vias de progresso, surge uma terceira: a Rodovia asfaltada Presidente Dutra que trouxe o desenvolvimento moderno ao Vale, com a instalação de grandes indústrias e o conseqüente crescimento das cidades. É a bênção que Deus concedia para todos com perspectivas de melhores salários e melhores condições de vida. E, diríamos, junto nasceu também por vontade do homem e não de Deus a maldição da miséria, do analfabetismo e da fome que o progresso sem Deus e sem justiça produziu nas favelas que surgiram e que surgem à sombra desse bem-estar e desse progresso que deveriam ser para toda a sociedade.

Mas em todas essas fases, o sinal da Imaculada contradiz e interpela essa sociedade pedindo justa distribuição desses bens e a igualdade de direitos. Em todas as gerações dessas fases surgiram homens e mulheres que foram testemunhas do amor e da justiça cristã. Em todas elas é visível a proteção da Imaculada Conceição que está presente para que o homem se volte para Cristo e se liberte das injustiças e do pecado.

2
GUARATINGUETÁ, A ESCOLHIDA ⸻

Depois da fundação de Taubaté, outras sesmarias foram concedidas para povoar a região de Guaratinguetá. Em 1757, no livro do Tombo da paróquia, Pe. Dr. João de Morais e Aguiar diz que a Vila teve início pelo ano de 1630. Lucila Hermann coloca a chegada do homem branco à região pelo ano de 1640, sendo essa década de 40 a mais provável para o início da colonização de Guaratinguetá.

O primitivo povoado foi fundado pelos desbravadores Domingos Luís Leme, João do Prado Martins e Antônio Bicudo, que receberam as primeiras sesmarias. Seu início se deu com o nome de **Povoação Nova do Paraíba**[1].

O povoado foi elevado à categoria de Vila a 13 de junho de 1651, com todas as instituições da vida civil e religiosa, sob o título de Vila de Santo Antônio de Guaratinguetá. O mais antigo documento, que atualmente se conhece e que menciona a matriz da paróquia de Santo Antônio, é o testamento de Francisca Cardoso, mulher do capitão Manoel da Costa Cabral, fundador do povoado do Bom Jesus de Tremembé. No testamento feito naquela cidade, a 21 de outubro de 1654, Francisca Cardoso pedia que seu corpo fosse sepultado na matriz da Vila de Santo Antônio de Guaratinguetá, onde já estava sepultada sua filha Ana Cabral, mulher do capitão Domingos Luís Leme[2].

---

[1] Dados fornecidos pelo historiador e genealogista Dr. Helvécio Vasconcelos Castro Coelho, da cidade de Guaratinguetá.

[2] Cf. Inventários e Testamentos, vol. 43, ano de 1657: Inventário de Luiz Álvares Corrêa, no Departamento do Arquivo do Estado de S. Paulo.

O primeiro pároco foi o Pe. Pedro Gonçalves Ribeiro do Valle, conforme documento de 1657. O Livro de Registro de Provisões da Arquidiocese do Rio de Janeiro, do ano de 1685, apresenta dados importantes sobre a vida paroquial da Vila de Guaratinguetá: a igreja matriz de Santo Antônio, as irmandades de Santo Antônio e das Almas e o número de famílias (61 fogos = casas) com as respectivas pessoas sujeitas ao preceito da comunhão pascal anual (250 pessoas). O total da população podia chegar, contando os escravos, a 600 pessoas.

A partir de 1685, a região é percorrida pelos bandeirantes que corriam atrás do ouro das Minas Gerais. Bandeiras de Pindamonhangaba e de Taubaté dirigem-se para a região do Rio das Mortes e fundam a cidade de Ouro Preto, em Minas Gerais. Trazem para o Vale ouro e riquezas, virtudes e pecados, desenvolvimento e progresso, liberdade e escravidão. A Vila de Guaratinguetá se desenvolve e torna-se o entreposto de mercadorias e de escravos. Na época, a população da cidade orçava em cerca de 3 mil habitantes. Sua vida religiosa era intensa, conduzida por diversos sacerdotes residentes na cidade. As famílias tinham boa formação religiosa passada pelas tradições familiares da época e pela catequese semanal, que, conforme atesta o Livro do Tombo, era ministrada para as crianças livres e escravas. Entretanto, a situação social deteriorou-se após o declínio do ouro.

Em 1717, entre os dias 17 e 30 de outubro, a Vila hospeda o governador das Capitanias de São Paulo e Minas Gerais[3], Dom Pedro de Almeida e Portugal, mais conhecido como Conde de Assumar, que, depois de tomar posse do governo em São Paulo, viajava para a cidade de Vila Rica, em Minas Gerais. Em razão dos conflitos sociais na região das minas de

---

[3] Desde 1710, a Capitania de Minas Gerais fora anexada à de São Paulo por causa das desordens ocorridas na região do ouro e o governador administrava as duas desde a cidade de Vila Rica (Mariana).

ouro, os governadores haviam transferido a sede do governo para aquela cidade.

Com o esplendor do ouro, a sociedade tornara-se contraditória: riqueza e bens para uns, pobreza e quase miséria para outros; 'homens bons' de um lado e marginais de outro. O Conde de Assumar foi muito enérgico ao impor a ordem, mandando até enforcar um mulato que havia assassinado uma mulher grávida. A Vila de Guaratinguetá também sofreu as conseqüências dessa convulsão social, como afirmava, talvez com algum exagero, o cronista que o acompanhava naquela viagem: "Os naturais (*habitantes de Guaratinguetá*) são tão violentos e assassinos que raro é o que não tenha feito morte, alguns sete e oito, e no ano de 1716, se mataram 17 pessoas".

Foi nessas circunstâncias que, em 1717, a Imagem da Senhora da Conceição Aparecida foi encontrada. Logo depois nasce o cavaleiro da Imaculada, Frei Galvão, em quem a Igreja reconhece o homem de Deus, o profeta do amor e da paz, que interpela essa mesma sociedade.

Estado em que a Imagem foi encontrada em 1717

3
NO ANO DE 1717, PESCADORES ENCONTRAM UMA IMAGEM

O rio Paraíba apresentava na época, entre as Vilas de Pindamonhangaba e de Guaratinguetá, sinuosidades poéticas com suas margens alagadiças e cobertas de vegetação especial. À margem esquerda, à meia distância entre as duas cidades, situava-se o Porto de José Corrêa Leite, e, cerca de 6 quilômetros mais abaixo, na margem direita, ficava localizado o Porto do Itaguaçu. É nessa região que vai acontecer a pesca da imagem de Nossa Senhora da Conceição.

Por ocasião da passagem do Conde de Assumar por Guaratinguetá, onde se demorou entre 17 a 30 de outubro de 1717, a Câmara Municipal enviou a todos os pescadores ribeirinhos a ordem de apanhar quantos peixes pudessem para servir à mesa do Conde e de sua comitiva.

Três deles, Filipe Pedroso, Domingos Martins Garcia e João Alves, saíram para a pesca no Porto de José Corrêa Leite. Apesar do lugar propício para a pesca, eles nada apanharam até a altura do Porto de Itaguaçu.

Ali, como diz a narrativa do achado da Imagem, escrita pelo pároco de Guaratinguetá, Pe. Dr. João de Morais e Aguiar, em 1757, eles pescaram uma pequena imagem da Senhora da Conceição. Esta é a descrição:

"Entre muitos foram a pescar Domingos Martins Garcia, João Alves e Filipe Pedroso com suas canoas. E principiando a lançar suas redes no Porto de José Corrêa Leite, continuaram até o Porto de Itaguassu, distância bastante

sem tirar peixe algum. E lançando neste porto, João Alves a sua rede de rasto, tirou o corpo da Senhora, sem cabeça; lançando mais abaixo outra vez a rede tirou a cabeça da mesma Senhora, não se sabendo nunca quem ali a lançasse. Guardou o inventor esta imagem num pano. E continuando a pescaria, não tendo até então tomado peixe algum, dali por diante foi tão copiosa a pescaria que em poucos lanços, que receoso, ele e os companheiros de naufragarem pelo muito peixe que tinham nas canoas, se retiraram para sua vivendas, admirados deste sucesso".

Padre João acentua que a pesca não obteve resultado algum por mais de seis quilômetros do rio e só apanharam muitos peixes no Porto de Itaguaçu, após a retirada da Imagem. Eles tomaram esse fato como um sinal da proteção da mãe de Deus. Tanto isso é verdade que não jogaram novamente na água aquela imagem quebrada, mas a guardaram com respeito e muita devoção.

Outra nota importante do autor se refere à origem daquela imagem: "... não se sabendo nunca quem ali a lançasse". Daí surgiram muitas lendas fantasiosas para explicar o fato. Mas a descrição é tão singela que, julgamos, transmite um fato real.

A pesca milagrosa é confirmada por outro documento merecedor de fé. Trata-se do relatório da missão pregada no povoado de Aparecida, em 1748, por dois missionários jesuítas, onde se lê:

"Os missionários chegaram finalmente à Capela da Virgem da Conceição Aparecida, situada em Guaratinguetá, que os moradores chamam 'Aparecida' porque, tendo os pescadores lançado suas redes no rio, recolheram, primeiro o corpo, depois, em lugar distante, a cabeça. Aquela imagem foi moldada em argila; sua cor é escura, mas famosa pelos muitos milagres realizados".

Esse documento é muito interessante porque explica diversos fatos, entre eles o acréscimo do título *'Aparecida'*, dado àquela imagem da Senhora da Conceição recolhida na rede. Para o povo essa expressão denota que a imagem 'apareceu' (= aparecida), mas o padre missionário lhe dá o sentido exato: porque 'apareceu', isto é: foi recolhida na rede. Ele nos dá a conhecer ainda de que material fora feita a imagem e sua cor: "moldada em argila de cor escura". Toca, além disso, num ponto de máxima importância para a religiosidade popular: o poderoso patrocínio da Mãe de Deus em favor dos pecadores que é o dado teológico mais importante da devoção mariana de nosso povo. Pela importância que tem esse último dado para a mensagem deste Santuário, trataremos dele mais adiante.

Naquela segunda quinzena de outubro de 1717 aconteceu um fato que, por seu conteúdo, é muito simples e até banal, a pesca de uma imagem quebrada da Imaculada Conceição de Maria, mas que, na disposição de Deus, seria o grande sinal para um povo, o sinal da bênção da Mãe de Deus em favor do povo brasileiro.

*Restauração de 1946/1950, com acréscimo da cabeleira lateral
e fixação ao tronco*

4
A DEVOÇÃO COMEÇA COM A RECITAÇÃO DO TERÇO

Logo de começo aquela pequenina imagem da Senhora da Conceição recebeu um título especial: Aparecida. Quebrada como estava, os pescadores poderiam devolvê-la às águas do rio Paraíba sem nenhum desrespeito, como, aliás, tinha sido lançada lá justamente para que seus pedaços, depois de quebrada, não fossem profanados e desrespeitados.

Filipe Pedroso, que a levara para casa, desenrolando-a do pano em que se achava envolvida, toma-a em suas mãos e, juntando a cabeça ao tronco, colou-a com cera preta. Percebendo que sua face inspirava devoção e confiança, ajoelhou-se invocando-a e rezando: *"minha nossa senhora da Aparecida, valei-me na vida e na morte"*. Depois colocou-a no oratório de sua casa.

Naquele tempo todas as famílias possuíam em suas casas um oratório no qual colocavam as imagens de seus santos protetores, não faltando nunca uma imagem de N. Senhora. E faziam piedosamente diante delas suas devoções em comum. A partir de 1707, muitas famílias que habitavam o Vale tinham migrado da cidade de Santana do Parnaíba, onde um monge beneditino, frei Agostinho de Jesus, se ocupava em moldar na argila piedosas imagens da Imaculada Conceição. Eram pequenas e se destinavam a oratórios domésticos. O monge imprimiu nesta que foi pescada em 1717, além de características próprias, sua própria piedade e confiança em Maria. Moldou sua face serena e sorridente expressando nela o olhar compassivo da mãe de Deus.

Depois de consertá-la, Filipe Pedroso passou a convidar os vizinhos para as devoções de todos os sábados em sua casa. Rezavam o terço e cantavam as ladainhas nas piedosas melodias populares da época. Sabe-se por outras fontes que as famílias cantavam, juntamente com seus filhos, as lições musicadas da doutrina cristã, os mistérios de Cristo e de Maria e as orações do Pai-Nosso, Ave e Salve-Rainha.

Dessa devoção familiar originou-se o culto àquela imagenzinha de Nossa Senhora da Conceição Aparecida. Sua expansão foi rápida; cerca de 25 anos depois (1717— 1742) já se espalhara pelo Vale, em São Paulo, Litoral e em Minas Gerais. A partir de 1745, ela se estendeu também para o Centro-Oeste: Goiás e Mato Grosso; para o Sul: Paraná, Santa Catarina e Rio Grande do Sul. Nessas regiões surgiram, logo nas primeiras décadas de 1800, capelas construídas em seu louvor, como a de Alegrete (1814) e Passo Fundo (1827). A primeira delas, porém, foi construída na cidade paulista de Sorocaba, em 1782, na paragem de Parajibu, hoje bairro operário de Aparecidinha.

A localização da primitiva Capela de N. Senhora Aparecida no Porto do Itaguaçu, junto da estrada que unia São Paulo a Minas Gerais, favoreceu a divulgação das graças alcançadas pelos devotos e da devoção à Senhora da Conceição. A migração das famílias e o intercâmbio dos comerciantes de mercadorias e de muares também ajudaram. Os tropeiros da célebre Feira de Muares de Sorocaba levaram a devoção para a região sul: Curitiba, Viamão, Alegrete e Laguna; os mineradores levaram-na até as minas de ouro de Cuiabá e, pelos sertanistas, a fama e a devoção chegaram até o longínquo do Estado de Goiás. Por toda a parte, Nossa Senhora da Conceição Aparecida começou a ser invocada como Mãe e Padroeira.

Entretanto, o fato que mais influenciou na rápida e ampla difusão da devoção foi, a meu ver, a mensagem espiritual da alegre e jubilosa esperança de salvação em Jesus Cristo que, a partir de sua Imagem, irradiava-se por intercessão de Maria de Nazaré, a mãe de Deus. A comunicação da devoção se deu de pessoa para pessoa, sem outros meios senão a disposição amorosa de Deus e a fé do nosso povo. Deus dispunha deste modo que o povo conservasse sua fé católica apesar da falta de padres e de paróquias depois que a população cresceu mais a partir do século dezenove.

Bendizemos e louvamos a inspiração de frei Agostinho de Jesus ao moldar a imagem e o gesto dos pescadores em venerá-la e transmitir a devoção a todo o povo brasileiro, com estas palavras:

Mãos benditas,
as do monge artista,
que modelaram na argila
a Imagem da Mãe compassiva
de Nossa Senhora Aparecida.
Felizes pescadores, que sentiram
o olhar da Mãe compassiva,
e sua devoção nos transmitiram
à Senhora da Conceição Aparecida.

*Frei Agostinho expressou, nesta face serena e sorridente,
o olhar compassivo e misercordioso da Mãe Maria*

5
OS PRIMEIROS MILAGRES
E A EXPANSÃO DO CULTO

A doutrina católica nos ensina que o milagre é fruto do poder de Deus sobre as leis da natureza, concedido em favor da fé de seu povo. Nem tudo o que o povo chama ou considera milagre é rigorosamente um milagre. Seu conceito de milagre é mais amplo e abrange também os fenômenos naturais provenientes da natureza ou habilidade humana. A chuva que cai, a saúde dos animais, uma cirurgia bem-sucedida ou uma doença debelada, bem como um problema pessoal ou profissional bem solucionado, tudo isto conseguido após um pedido a Nossa Senhora Aparecida é considerado milagre pelo povo. É comum que pessoas mais esclarecidas, e que têm maiores recursos econômicos, recorram aos meios da medicina, mas pedindo a Nossa Senhora que ilumine o médico para acertar e que os remédios façam efeito. E de fato, tudo isto não deixa de ser uma graça do Senhor, que tudo dirige para o bem dos que o amam. Se quiséssemos relatar todas as graças tanto de conversão das pessoas como de curas obtidas por intercessão de Nossa Senhora da Conceição Aparecida, após um pedido e novena feitos com fé, todas as páginas deste opúsculo não seriam suficientes. Mas convém relatar os primeiros milagres acontecidos e que foram registrados em documentos ou constam da tradição.

Pesca milagrosa

O fato extraordinário consta da própria narrativa do achado da Imagem, escrita pelo mestre em Teologia Pe. Dr. João de Morais e Aguiar, no ano de 1757. É tão singela e tão despida de circunstâncias fantasiosas ou lendárias que nos revela, com certeza, um fato acontecido. Padre João escreveu:

"E continuando a pescaria, não tendo apanhado peixe algum, dali por diante foi tão copiosa e abundante a pescaria, que receoso (Filipe Pedroso) *e os companheiros de naufragarem pelo muito peixe que tinham nas canoas, se retiraram às suas vivendas* (casas), *admirados deste sucesso".*

É certo que houve o fato extraordinário da pesca, sendo o primeiro acontecimento que maravilhou aqueles piedosos pescadores. Sentiram-se recompensados pelo seu trabalho que até aquele momento tinha sido infrutífero e tomaram o fato como um sinal da bondade de Deus, que os amparava no trabalho pela intercessão de Maria.

O milagre das velas

O mais simbólico e rico de significado, sem dúvida, é o milagre das velas, porque tem íntima relação com a fé. O fato aconteceu na primitiva Capela do Itaguaçu pelo ano de 1735. O culto que se prestava a Nossa Senhora da Conceição Aparecida, na ocasião, não era só o familiar, mas sim de toda a comunidade local. Eram já muitas as pessoas que se reuniam aos sábados para, conforme o costume, cantar o terço e as ladainhas. Foi numa dessas ocasiões que, estando a noite calma e serena, as velas do altar da Santa se apagaram sem que houvesse razão para isso, pois a noite estava calma. Todos estranharam e chegou a haver algum murmúrio. Entretanto, a zeladora da Capela, Dona Silvana da Rocha, procurou acendê-las de novo. Ao aproximar-se do altar, porém, todas as velas

se reacenderam sozinhas. Espantados, todos gritaram: "milagre, milagre, milagre!"

O acontecimento impressionou a todos e despertou no povo
grande admiração e devoção. Penso que a partir desse fato é
que se propalou mais para longe a fama das graças alcançadas
por intercessão de Maria, a mãe de Deus. O exímio genealogista
e historiador de Guaratinguetá Dr. Helvécio V. de Castro Coelho afirma que deve ter acontecido algo de extraordinário na
ocasião. Certo que esse fato contribuiu para que o culto se
tornasse de todos e a Capela passou a ser visitada por pessoas
da região e também de mais longe. Padre João que narrou o
fato também lhe dá grande valor, pois chega a dizer que este
foi o primeiro milagre, embora já tivesse mencionado o da
pesca. O mesmo fato influenciou até nos votos e promessas
da população. Já nos primeiros anos do Santuário havia o costume de se doarem lâmpadas a óleo que deviam ficar acesas
continuamente, lembrando, sem dúvida, o milagre das velas.
No testamento do Juiz Municipal de Guaratinguetá, João
Fernandes de Sousa, por exemplo, executado em 1750, cons-
tava a "doação de 200$000 para Nossa Senhora da Conceição
Aparecida em Itaguaçu, para uma lâmpada de prata, se ela
não a tiver no dia de meu falecimento".

O milagre do escravo

Muito significativo é também o milagre do escravo Zacarias
que se viu livre das grossas e pesadas correntes que prendiam
seus pulsos e seu pescoço, quando orava diante da Imagem.
Existem muitas versões do milagre. Prefiro relatar aquela que
se encontra escrita nos 'Autos de Ereção e Bênção da Capela', às fls. 3v. e 4, escrita pelo Pe. Claro Francisco de
Vasconcellos pelo ano de 1830. O fato, porém, é bem anterior
e aconteceu possivelmente por volta de 1790, quando já eram

numerosos os escravos que tocavam os engenhos de açúcar no Vale do Paraíba. Eis o texto:

"Um escravo fugitivo, que estava sendo conduzido de volta à fazenda pelo seu patrão, ao passar pela Capela pediu para fazer oração diante da Imagem. Enquanto o escravo estava em oração, caiu repentinamente a corrente deixando intacto o colar que pendia de seu pescoço. A corrente encontra-se hoje pendente da parede do mesmo Santuário, como testemunho e lembrança de que Maria Santíssima tem suprema autoridade para desatar as prisões dos criminosos pecadores arrependidos. Aquele Senhor, tocado pelo milagre, ofereceu a Nossa Senhora o preço dele e o levou para casa como pessoa protegida pela soberana Mãe de Deus".

Padre Claro era bom teólogo e diz expressamente que o milagre foi alcançado pela mediação de Maria Santíssima, o que está conforme a sã doutrina ensinada pela Igreja.

Existem outros milagres, como aqueles fixados em telas pelo pintor alemão Thomas Driendl, residente no Rio de Janeiro, e colocadas na cornija da igreja (Basílica Velha), inaugurada por Monte Carmelo, em 1888. São três, além do milagre do escravo e da pesca: o milagre da menina cega que recuperou a vista ao invocar Nossa Senhora; o caçador que escapou dos dentes de feroz onça e o menino Marcelino que foi salvo, quando estava prestes a se afogar no rio Paraíba.

Na Sala dos Milagres, onde o povo coloca seus ex-votos, você poderá ver e sentir as infinitas graças que Nossa Senhora concede a seus devotos.

6
1745, INÍCIO DO SANTUÁRIO

A Imagem peregrinou entre 1717 e 1732, nas paragens do Ribeirão do Sá, Ponde Alta e Itaguaçu. Permaneceu na casa de Filipe Pedroso no Ribeirão do Sá por seis anos, na Ponte Alta por nove anos, voltando depois para o Itaguaçu, para onde ele se mudara pelo ano de 1732. Ali Filipe entregou a Imagem a seu filho Atanásio que lhe construiu o primeiro oratório aberto ao público.

Naquele oratório aconteceu o milagre da velas que despertou maior expansão da devoção a Nossa Senhora Conceição sob o novo título de Aparecida. Pela posição do oratório, situado junto da estrada que interligava o Vale do Paraíba, São Paulo e a região do ouro de Minas Gerais, a fama da Imagem se espalhou sempre mais. Já não eram somente as famílias dos pescadores que a veneravam, mas toda a comunidade de perto e de longe. Era o início das romarias. Estas cresceram tanto que o vigário de Guaratinguetá, Pe. José Alves Vilella, e alguns devotos, construíram em sua honra pelo ano de 1740 uma pequena capela. Mas esta se tornou logo insuficiente para conter o grande número de devotos que a buscavam pedindo a intercessão da Mãe de Deus. Naquela capelinha o povo cumpria suas devoções tradicionais como: a reza do terço e o cântico das ladainhas, mas não se celebrava ainda a eucaristia.

Nessa altura o culto se tornara tão intenso e extenso que o vigário Pe. José teve de providenciar sua aprovação por parte das autoridades da Igreja. Foi então que ele fez um relatório dos milagres e da devoção do povo para com Nossa Senhora Aparecida e o enviou, no ano de 1743, ao Bispo do Rio de

Janeiro, Dom Frei João da Cruz para que ele aprovasse o culto e desse licença para se construir a primeira igreja em seu louvor. Sem essa aprovação não era permitido construir a igreja e celebrar nela o culto público com a sagrada eucaristia, como determinavam taxativamente as "Constituições primeiras do Arcebispado da Bahia", publicadas em 1707. Como, na ocasião, o Sr. Bispo se encontrava na Vila de Ribeirão do Carmo, hoje cidade de Mariana, MG, a Provisão de aprovação do culto e da licença para se construir a primeira igreja foram assinadas por Dom Frei João, a 5 de maio daquele mesmo ano de 1743.

Por ser esta Provisão de máxima importância tanto para a aprovação do culto público como também da construção da primeira igreja, que deu início ao Santuário de Aparecida, vamos transcrever o pedido do Padre Vilella, cujo resumo consta da referida Provisão:

> *"Diz o Pe. José Alves Vilella, vigário da igreja de Santo Antônio de Guaratinguetá com os mais devotos de Nossa Senhora da Conceição Aparecida, que, pelos muitos milagres que tem feito a dita Senhora a todos aqueles moradores, desejam erigir uma Capela com o título da mesma Senhora da Conceição Aparecida, que se acha até agora em lugar pouco decente, e como os suplicantes não podem erigir a dita Capela sem especial licença de V. Excia., pedem a V. Excia. lhes faça mercê mandar passar Provisão de ereção da dita Capela na forma de estilo".*

E no mesmo documento, conservado ainda hoje em perfeito estado no Arquivo da Cúria Metropolitana de Aparecida, Dom Frei João aprovou a devoção a Nossa Senhora sob o novo título de Aparecida bem como a construção da primeira igreja. As palavras principais dirigidas ao Pe. José e aos devotos são estas:

"Havemos por bem de lhe conceder licença como pela presente nossa Provisão lhe concedemos, para que possam edificar uma Capela com o título da mesma Senhora na dita freguesia, em lugar decente assignado (indicado, escolhido) pelo Revdo. Pároco".

A primeira igreja foi construída pelo Pe. José Alves Vilella no Morro dos Coqueiros — atual colina onde se assenta o centro da cidade de Aparecida — em terra doada pela viúva Margarida Nunes Rangel, com escritura passada a 6 de maio de 1744. É interessante esta passagem da referida escritura: "... e doou de hoje para sempre à Virgem Maria, Senhora da Conceição, chamada 'Aparecida', para que no dito morro, chamado dos coqueiros, pela disposição que a dita paragem tem, lhe possam fazer a nova Capela".

A escolha do local foi sem dúvida privilegiada, como reconhecia o cientista francês Auguste de Saint-Hilaire, em 1822: "É encantadora a vista desfrutada do alto da colina. Descortina-se região alegre, coberta de mata pouco elevada, o Paraíba ali descreve elegantes sinuosidades, e o horizonte é limitado pela alta cordilheira da Mantiqueira".

A supervisão da obra foi entregue ao capitão Antônio R. Leme e a construção a seus escravos. Em dois anos — 1743 a 1745 — foi construída a primeira igreja em louvor de Nossa Senhora da Conceição Aparecida. Possuía uma torre, a nave principal, presbitério e duas naves laterais em forma de corredores. Temos dela, depois de reformada e ampliada no ano de 1768, a bela aquarela deixada pelo pintor austríaco Thomas Ender, por ocasião de sua passagem pelo Santuário, em 1817.

A inauguração da igreja, que deu também origem ao Santuário, aconteceu na festa da Senhora Sant'Ana, a 26 de julho de 1745. Deste fato tão importante para o Santuário como para a cidade de Aparecida, pois na ocasião foi inaugurado o primitivo povoado com o nome de 'Capela de Aparecida', temos a ata assinada pelo Pe. José.

O dia 26 de julho, daquele ano de 1745, caiu numa segunda-feira. Na véspera, domingo, Pe. José com todo o povo trouxe a Imagem do Oratório do Itaguaçu em solene procissão colocando-a no nicho do altar da nova igreja. No dia 26, pela manhã, ele a benzeu e celebrou pela primeira vez a santa missa. "Benzi a igreja aos vinte e seis de julho do presente ano de mil setecentos e quarenta e cinco para nela se celebrar a santa missa", escreveu na ata da inauguração o Padre Vilella.

Esta igreja de taipa de pilão, construída pelos negros escravos, com seus altares entalhados em madeira e seu nicho, diante do qual ardiam as lâmpadas votivas, recordando o milagre das velas, foi o trono que os devotos quiseram construir e dedicar à Senhora da Conceição Aparecida. Foi um gesto de gratidão e confiança do povo que sentia sempre mais presente em sua vida quotidiana o poderoso amparo de sua bondosa mãe. Nascia então um novo Santuário que seria o maior e o mais importante da Igreja no Brasil e um dos maiores santuários marianos do mundo.

7
A GRAÇA ESPECIAL DO SANTUÁRIO___

A 26 de julho de 1745, inaugurava-se não só mais uma igreja no Brasil, mas sim um novo templo que se tornaria um lugar privilegiado de reconciliação com Deus. Um lugar de refúgio dos pecadores que buscam o amparo da Mãe de Deus, um templo de reconciliação em termos bíblicos, um lugar sagrado de peregrinação em termos cristãos.

Todo Santuário é um lugar especial da busca do sobrenatural, de contato com Deus. Nele, o peregrino, levado pela fé, pode encontrar novamente o caminho do fervor da fé e do amor fraterno. Hoje, o Papa pede que nos Santuários sejam acolhidos com caridade pastoral aqueles cristãos que vivem irregularmente, a fim de que a fé os ajude a regularizar sua vida.

Podemos então dizer que os Santuários têm uma missão especial na Igreja. Missão que se revela na graça especial de conversão, da qual nasce a jubilosa esperança de salvação que os peregrinos depositam em Jesus Cristo por mãos de Maria. Essa realidade espiritual do Santuário de Aparecida ficou evidente na Santa Missão, pregada por dois padres jesuítas no povoado em 1748.

A pedido do primeiro bispo de São Paulo, Dom Bernardo Rodrigues de Carvalho, dois missionários jesuítas pregaram Santas Missões em 12 localidades da recém-criada Diocese de São Paulo (6 de dezembro 1745). Entre todas, os missionários deram destaque especial à missão de São Paulo, por causa da participação ativa do prelado Dom Bernardo, e à do povoado de Aparecida, pelo sucesso extraordinário que obtiveram. Sobre a Santa Missão de Aparecida eles escreveram na crônica da missão:

"A Capela recebe muitas esmolas pecuniárias, doadas por devoção e gratidão, lucrando todos os meses mais de cem mil réis. Aí, por especial patrocínio da Virgem Mãe de Deus, o resultado da missão foi mais abundante. Esse povoado se consumia em acirradas inimizades, que todos, porém, desfizeram reatando publicamente a amizade, após o sermão que fizemos sobre o amor fraterno".

De fato, à sombra dos santuários existe sempre certa competição comercial que é causa de maledicências e calúnias. Pode haver até críticas injustas contra a direção do santuário. Tal era a situação no povoado em 1748, mas o missionário podia afirmar que todos os seus habitantes se reconciliaram e participaram dos atos da Santa Missão, movidos pela intercessão da Mãe de Deus. Constatando o bom resultado da missão, o cronista o atribuía à "visível proteção da Mãe de Deus". Podemos afirmar, por isso, que a Santa Missão revelou a graça especial deste Santuário de Aparecida, isto é: a conversão pessoal que Maria concede a todos os seus devotos peregrinos.

Confirmava-se naquela Missão a vocação mariana deste Santuário: levar os peregrinos a aderir a Jesus Cristo e à sua Igreja.

8
AS ROMARIAS

As romarias são fruto da religiosidade popular, sendo uma de suas expressões mais fortes e muito freqüentes. Nosso povo é muito apegado a esse tipo de manifestação religiosa: não foi nem é privilégio de pobres e analfabetos. Individualmente, ou em grupo, o povo cristão sempre fez sua romagem aos santuários de sua devoção. Nisso ele é semelhante ao povo bíblico, que anualmente procurava o tempo de Jerusalém para adorar a Deus e oferecer-lhe suas primícias. Em Aparecida, por mais de duzentos anos, a ladeira — Rua Calçada, a Monte Carmelo de hoje — foi seu caminho íngreme e penoso, mas cheio de esperanças. Hoje são as rampas do novo Santuário, que, aos sábados e domingos, ficam repletas de peregrinos que caminham. Ontem como hoje os romeiros trazem tantas preocupações que os afligem mais do que a penosa caminhada: baixos salários, doenças, falta de moradia e de emprego, pobreza generalizada, que procuram resolver implorando o auxílio do alto pela penitência da fé.

As romarias para o Santuário de Aparecida começaram cedo, mesmo antes da construção da primeira igreja, em 1745.

Os dois documentos mais antigos do Santuário, "Notícia do achado da Imagem da Senhora da Conceição Aparecida", do Dr. Pe. João de Morais e Aguiar, e a Crônica da Missão, do Pe. Francisco da Silveira, respectivamente de 1757 e 1750, já mencionavam que "romeiros de partes muito distantes acorriam ao Santuário para gratificar os benefícios recebidos da Senhora Aparecida" (Pe. João), e "muitos afluem de lugares afastados, pedindo ajuda para suas próprias necessidades" (Pe. Francisco).

Num processo de casamento da cidade de Curitiba, de 1754, uma das testemunhas da noiva, que se queixava da ausência do noivo, afirmava que ele estivera ausente por mais tempo, sim, por ter ido em romaria ao Santuário de Aparecida. Nem bem haviam passado quarenta anos do início da devoção e já estavam presentes peregrinos de tão longas distâncias, do Sul e do Centro-Oeste. Desde então, em quase cada década, temos notícias de romarias que procuravam o Santuário: em 1842, era a Assembléia Provincial de São Paulo que noticiava "a concorrência de povo que diariamente a ela (*Capela*) acode, o que bastante a tem aumentado e tornado florente"; em 1817, von Martius dizia que "a milagrosa imagem de Nossa Senhora atrai muitos peregrinos de toda a Província de São Paulo e de Minas Gerais, dessas romarias encontramos diversas"; em 1884, um repórter do jornal 'Correio Paulistano', da cidade de S. Paulo, escrevia que "antigamente as romarias à Capela da Aparecida tinham muito de pitoresco: eram as famílias que se moviam lentamente com os filhos pequenos, os pajens, os camaradas, as mucamas e o armazém ambulante às costas dos cargueiros".

Em 1894, os missionários redentoristas recém-chegados da Alemanha atestavam que "os romeiros chegam a 150 mil por ano. A maior parte vem de trem, mas no tempo seco, de abril a novembro, vêm muitas caravanas com 15 até 30 cavalos, burros e cargueiros. As mulheres com criança ao colo cavalgam à frente, seguem-nas os cargueiros sem tropeiro, carregando alimentos e apetrechos domésticos e de cozinha, cobertos com couro de boi, e tudo em jacás nas costas do animal. Enfim, vêm os homens montados e tendo, muitas vezes, na frente e atrás da sela, um filho pequeno".

Todos esses autores falam da piedade, da compunção e da penitência com que se faziam as romarias. Apesar de tudo a característica dessas romarias era a alegria, o júbilo esperançoso de quem confiava na Mãe Aparecida; em última análise, em Jesus Cristo, o Deus de misericórdia.

Pe. José Wendl, outro redentorista alemão da primeira turma, dizia, em belíssima descrição das romarias no ano de 1900, que as caravanas de cavaleiros, quando se aproximavam do Santuário e o avistavam de longe, paravam, desciam de suas montarias e alegremente cantavam e oravam saudando a Virgem Aparecida.

Para o ano de 1873 temos a primeira e a única notícia de uma romaria organizada pela paróquia de Santo Antônio de Guaratinguetá para o Santuário, por ocasião de uma grande seca. O vigário preparou o povo nos dias 6, 7 e 8 de setembro, e no dia 9 fez a romaria a pé até o Santuário. Mas a partir de 1900, bispos e párocos procuravam organizar suas romarias ao Santuário. A de 1900 foi programada para celebrar o ano jubilar da redenção, pelos bispos de São Paulo e do Rio de Janeiro. A de São Paulo continuou sendo realizada a cada ano, sempre no dia 8 de setembro.

Para essas romarias até a década de 1940, havia um ritual todo especial tanto para a chegada como para a despedida do Santuário. Um missionário ia encontrá-las na estação local — as romarias vinham sempre pelos trens da Central do Brasil em comboios de até 12 carros — dirigindo-a para o Santuário com cânticos e preces. Para o retorno havia nova procissão com exortações, preces e cânticos. A Banda de música não faltava para animá-las com seus dobrados.

Em 1972, foram organizadas as romarias nacionais, entre outras, das Conferências Vicentinas, dos Congregados Marianos, Apostolado da Oração, Legião de Maria, dos Irmãos do Santíssimo, Irmandade do Rosário. Outras romarias de classes e grupos étnicos também foram organizadas; igualmente as coletivas de paróquias, dioceses e arquidioceses.

Essas e outras romarias de hoje, com seus longos percursos e com todo o tipo de condução, não preciso descrevê-las porque você as conhece muito bem. Mas é bom você conhecer a evolução dos transportes, usos e costumes dos romeiros.

Evolução dos transportes

Tropas e trens, caminhões e jardineiras, automóveis e ônibus foram os degraus dessa evolução. Qualquer pessoa que se der ao trabalho de conferir nas placas de aproximadamente 5 mil carros e 3,5 mil ônibus os nomes das cidades e as siglas dos Estados de sua procedência ficaria atordoado e perceberia que seus conhecimentos geográficos não estão tão atualizados. E quem poderia imaginar que, em determinados domingos do ano estaria de frente a 20 mil motos e seus motoqueiros, 5 mil e tantas bicicletas e seus ciclistas, e cerca de mil tratores dos homens do campo? Em outras ocasiões, o panorama do pátio do Santuário torna-se bucólico e parece voltar a um passado remoto com centenas e centenas de imponentes cavalos e seus cavaleiros. Ainda hoje continua o primeiro e o mais cheio de significado modo de visitar um santuário: a caminhada a pé, percorrendo longas distâncias como penitência em busca do sagrado. É interessante constatar que esses grupos nunca cessaram no decorrer da história deste Santuário, e, ultimamente, aumentaram em número e distâncias percorridas.

Entre 1877 e 1920, a estrada de ferro conservou o monopólio dos transportes de peregrinos, enfrentando depois a concorrência dos veículos movidos à gasolina e óleo diesel. O último trem especial chegou de Barra Mansa, RJ, a 25 de abril de 1954. A 20 de novembro chegava a primeira romaria de Jundiaí, SP, com 70 pessoas em 15 automóveis. "Por causa do mau tempo, diz a crônica, gastaram dois dias de viagem. Pernoitaram aqui, confessaram-se e todos participaram da missa."

Com a inauguração da Estrada de Rodagem Washington Luís, em 1927, formaram-se as primeiras companhias de ônibus com viagens regulares para Aparecida. Em 1933 formou-se a Pássaro Azul; depois a Empresa de Ônibus São Paulo a Lorena, Santa Luzia. Em novembro de 1935, nascia a Empresa de Ônibus Pássaro Marrom.

A partir de 1950, as estradas asfaltadas encurtaram as distâncias e os modernos ônibus tornaram mais cômodas as viagens. O asfalto encurtou no tempo e no conforto o Santuário de Aparecida das regiões mais distantes de Mato Grosso, Goiás, Minas Gerais, Paraná, Santa Catarina, Espírito Santo, de onde chegam grupos maiores e cada vez mais freqüentes de peregrinos. Não há região do país hoje da qual, vez por outra, não cheguem romeiros a Aparecida.

Usos e costumes

Em toda a parte, desde a colonização, junto de igrejas e capelas nasceram usos e costumes religiosos que marcaram a vida devocional do povo. As festas do padroeiro ou da irmandade e outras, incluindo a própria Semana Santa, ganharam colorido e vida. Organizavam-se celebrações, teatros e folguedos populares com alguma relação com a invocação celebrada. A festa de Nossa Senhora Aparecida não favoreceu outro tipo de celebração senão o litúrgico, como: novena, Ofício das Matinas, missa cantada e procissão. Tudo girava em torno da devoção com preces e cumprimento de promessas. Não havia distinção de pessoas. Em todas classes sociais, a devoção criou raízes e se manifestava com os mesmos atos e gestos: beijar a imagem, ir de joelhos até o altar, varrer a igreja, subir de joelhos a rua da Calçada, deitar-se à porta da igreja vestido de mortalha, guardar silêncio e jejum durante toda a viagem, tirar medida da imagem, distribuir esmolas aos pobres, entregar jóias e donativos no cofre e depositar ex-votos na Sala dos Milagres.

Igreja do Pe. Vilella após a ampliação de 1760. Aquarela de Thomas Ender, 1817

9
OFERTAS E VOTOS

*O*fertas e votos são gestos de gratidão e reconhecimento do ser humano diante da divindade. Os pagãos ofereciam-nos; os judeus deviam oferecer ao verdadeiro Deus no Templo de Jerusalém as primícias de suas colheitas e de suas criações. Seus filhos primogênitos eram consagrados ao Senhor. José e Maria, para resgatar seu filho Jesus, ofereceram um casal de rolas. Nosso povo é rico desses gestos de gratidão; até nas minúsculas 'Capelas da Santa Cruz' de beira da estrada, vêem-se ex-votos.

Neste Santuário existem três altares nos quais os peregrinos realizam seu culto, culto dirigido a Deus por mãos de Maria. O primeiro e o mais importante é o Altar do Sacrifício, da Eucaristia, onde se parte o pão da Palavra e do Corpo do Senhor; o Altar da Penitência e Reconciliação, onde, contritos, os peregrinos buscam a paz pelo perdão de seus pecados. E, finalmente, o Altar das promessas, onde eles depositam com gestos de fé e humildade, de reconhecimento e gratidão, seus ex-votos, testemunho e sinal das graças alcançadas.

A Sala dos Milagres de Aparecida não teve apenas diversos nomes: 'Casa dos Milagres', 'Quarto dos Milagres'; ocupou ainda muitos lugares nestes 253 anos de existência do Santuário.

A igreja inaugurada pelo Padre Vilella, em 1745, já possuía a Sala dos Milagres. Poucos e bem simples eram os primeiros ex-votos, embora um testamento de 1750 fale de uma lâmpada de prata oferecida ao Santuário. Com seu desenvolvimento, cresceram também os ex-votos e se diversificaram, estendendo-se, em 1810, para as naves da igreja. Em 1860, pelo testemunho do jornalista Augusto Emílio Zaluar, sabemos que eles invadiam também a nave central e o coro.

Em 1913, a Sala dos Milagres saiu do recinto da igreja para ocupar um grande salão contíguo à Basílica Velha. Depois andou de cá para lá (Galeria do Hotel Recreio, Torre Brasília), até chegar, em 1974, ao subsolo do novo Santuário, onde os ex-votos estão bem ordenados e distribuídos.

Os ex-votos somam instrumentos, objetos e trajes de todas as profissões. Os símbolos ou sinais de todas as situações críticas em que se achavam os promesseiros também estão expostos na Sala; troféus, armas de fogo, garrafas de bebida alcoólica, condecorações aí estão. Retratos e pôsteres, de todos os tamanhos e coloridos, dão um belíssimo visual à Sala. As mensagens escritas e as cartas fazem parte deste coro de gratidão e reconhecimento. Algumas são belíssimas, cujo conteúdo toca o coração.

10
OS ESCRAVOS E A PRINCESA _____

No Santuário existem dois ex-votos de muito significado: um, é a corrente do escravo libertado pelo poder de Nossa Senhora, outro: a coroa de ouro, oferta daquela mulher, a Princesa Isabel, que assinou a 13 de maio de 1888 a Lei Áurea que libertou, em nossa pátria, os escravos.

Talvez, pelo fato de ter acontecido o milagre do escravo, cujas pesadas correntes aqui estão depositadas, desde fins do século dezoito, muitos senhores de escravos resolveram doar seus escravos ao Santuário. Estes chamavam-se 'Escravos de Nossa Senhora'. É verdade que seria muito melhor que fossem 'Escravos de Nossa Senhora' à moda dos santos que se declaravam escravos de Maria para melhor servir a Jesus Cristo e seus irmãos negros, pardos e brancos, mas não para dominar seus semelhantes.

Foram os escravos do capitão Antônio Raposo Leme que construíram a primeira igreja para Nossa Senhora Aparecida. Eles estavam muito ligados à Imagem (à devoção) não só pela cor, mas pela sua fé e confiança. Muitos passaram a lhe pertencer.

O primeiro documento que menciona os escravos pertencentes ao Santuário é o inventário de 1805, onde aparecem relacionados: o casal Boaventura e Isabel e seus filhos Benedito, Francisco e Manuel. Ainda um bom profissional carpinteiro, chamado Luís, e João Mulato, este último deixado em testamento a Nossa Senhora por Ana Ribeiro Escobar, da Vila de São Sebastião, no litoral paulista. Eles ocupavam cargos nobres como: organista do Santuário, cuja função foi exercida por Boaventura no início do século dezenove, e o célebre Belim, que foi exímio animador de rezas e missas em meados do mesmo século. Sua irmã Rita ocupava-se das alfaias da sacristia; era a passadeira e engomaderia da roupa da sacristia. Havia outros, cujos nomes não são mencionados nas atas do Santuário.

Os escravos do Santuário eram bem tratados; em 1870, os idosos ou doentes foram alforriados com uma ajuda para sua manutenção. Em 1810, consta das atas que o Santuário pagava um professor para dar aulas aos filhos dos escravos. Mas, sabemos que certos senhores de Guaratinguetá tomavam os escravos do Santuário para seus serviços particulares, sem compensar o Santuário, e os devolviam depois de velhos.

O outro ex-voto significativo e precioso é a coroa, ofertada ao Santuário, em 1888, pela Princesa Isabel. É de ouro 24 quilates, pesa 300 gramas e tem 24 diamantes maiores e 16 menores. Seu valor material é muito grande e bem maior, porém é seu valor histórico, pois com esta coroa — ex-voto da libertadora dos escravos — a Imagem de Nossa Senhora da Conceição Aparecida foi coroada, a 8 de setembro de 1904.

Existe, pois, uma íntima relação entre Isabel, a libertadora dos escravos, que apagou essa mancha de injustiça em nossa pátria, e Maria Imaculada, coroada como mãe e rainha, que teve papel único na realização de nossa libertação por seu filho Jesus Cristo.

11
RESTAURAÇÃO DA IMAGEM ───────────

$\mathcal{A}$ imagem achada em 1717, quebrada e enegrecida pelo lodo do rio Paraíba, no qual esteve submersa, retratava muito bem a situação do povo brasileiro. A situação, especialmente a dos escravos, era de miséria. Infinito era o número desses escravos atrelados ao poder econômico dos senhores de engenho. Além de lhes tirar a liberdade, machucavam sua imagem desonrando suas mulheres e filhas. Em 1854, o santo bispo de Mariana, MG, Dom Antônio Ferreira Viçoso, se opunha a essa situação de injustiça. Ele afirmava num escrito seu, que encontrei no Arquivo Nacional do Rio de Janeiro, que "a escravidão era um atraso para o país e ocasião de imoralidades para os patrões".

Até 1946, a Imagem permaneceu no estado em que fora encontrada: com o pescoço quebrado e sem as partes laterais da cabeleira que pendiam até os ombros, como se pode ver da foto apanhada em 1924, anterior à primeira restauração. Nesse estado, a Imagem sempre ficou exposta no nicho do Santuário para a veneração dos fiéis[4].

No ano de 1946, o reitor do Santuário, Pe. Antônio Pinto de Andrade, pediu ao Pe. Alfredo Morgado, habilidoso para tais serviços, que tentasse consertá-la. A 29 de maio daquele ano, ele a retirou do nicho e a levou para o convento, onde passou o dia no trabalho de restauro da Imagem. Além de colar a cabeça ao tronco, acrescentou as partes laterais da ca-

───────────────

[4] A Imagem nunca foi guardada em cofre forte ou escondida na casa dos padres, como alguns afirmam.

beleira. Usou para isso uma massa preparada com raspa de peroba e cola. Após o restauro, Pe. Luís Lovato apanhou diversas fotos da imagem na posição frontal, de costas, e nos perfis direito e esquerdo.

Como esse trabalho não teve duração, pois a massa se deteriorou pelo calor das lâmpadas do nicho, Pe. Antão Jorge, reitor do Santuário, pediu, em 1950, a outro jeitoso confrade, Pe. Humberto Pieroni, que estudasse outra possibilidade de restaurar a Imagem. Ele pôs mãos à obra, utilizando-se de massa de cimento, reforçando com um pino de alumínio a junção da cabeça ao tronco, recompondo também a cabeleira. Esse trabalho foi duradouro e resistiu até o atentado de 1979.

Atentado contra a Imagem

A 16 de maio de 1979, um jovem de 19 anos, residente em São José dos Campos, veio até Aparecida e, à noite, conseguiu quebrar o vidro do nicho e retirar a Imagem. Apanhado no ato pelo guarda do Santuário, deixou cair a Imagem que se fez em pedaços. O fato entristeceu os devotos e repercutiu em todo o Brasil. Quem visse a caixa com os pedaços maiores e o grande número de fragmentos, acharia impossível sua restauração. O que nos parecia impossível, a restauradora do Museu de Arte de S. Paulo (MASP), Srta. Maria Helena Chartuni, realizou. "Foi, diz ela, uma graça de Nossa Senhora Aparecida."

A 24 de julho daquele ano de 1979, a Imagem voltava novamente para seu trono no Santuário, perfeitamente restaurada. A alegria do povo foi imensa e a restauradora, Maria Helena, sentiu-se mui gratificada por poder prestar esse serviço.

Pastor chuta uma imagem

Ao atentado perpetrado em 1979 pelo jovem Rogério, psicologicamente perturbado e com mania iconoclasta, seguiu-se outro muito pior, porque seu autor era um pastor da Igreja Universal do Reino de Deus. Durante um programa da TV Record, na manhã do dia 12 de outubro de 1995, ele conscientemente ridicularizava o culto que os católicos prestam à Mãe de Deus, chutando freneticamente uma imagem de Nossa Senhora Aparecida. A reação do povo foi imediata. Todos repudiaram o ato grotesco do Pastor Sérgio von Helde. Mesmo pastores e membros de outras igrejas históricas desaprovaram o ato. Para a Universal, o tiro saiu pela culatra: a reação dos meios de comunicação foi tanta que serviu como um belo 'puxão de orelha' ao tal 'bispo Edir Macedo'. O fato acordou também os católicos que souberam reagir com dignidade.

Estado da Imagem após o atentado

A Imagem após a restauração realizada por Maria Helena Chartuni

12
LENDAS E MITOS _____

$\mathcal{A}$ maneira mais comum e engenhosa que o povo tem para explicar os fenômenos religiosos são as lendas e os mitos; estes existem em todas as religiões. Quase todos os Santuários dedicados ao Bom Jesus e a Nossa Senhora têm lendas para explicar sua origem. Para o achado da Imagem e início do Santuário de Aparecida não existem lendas. A razão talvez seja esta: logo aos 12 anos do início do Santuário (1745-1757), Padre João escreveu no Livro do Tombo a versão de sua origem, apanhando a notícia de pessoas mais idosas que viviam no tempo do achado da Imagem (1717) e da inauguração da igreja (1745). Certamente tal narrativa do Padre João desestimulou o surgimento delas.

Entretanto, existem algumas para explicar como a imagem quebrada foi parar no Porto do Itaguaçu. A mais sugestiva pela sua conotação bíblica é esta:

Periodicamente, diz a tradição, aparecia no rio Paraíba, junto da cidade de Jacareí, SP, uma enorme serpente que punha a população em pânico. Para afugentá-la uma piedosa mulher atirou nela uma imagem da Imaculada Conceição. A serpente fugiu e nunca mais amedrontou habitantes daquela cidade. A imagem de barro, que se quebrara no impacto com a serpente, foi levada pela correnteza, rio abaixo, até ser pescada, em 1717, no Porto do Itaguaçu, distante de Jacareí cerca de cem quilômetros. É interessante anotar a correlação bíblica: *mulher-Imaculada Conceição, demônio-serpente.*

Padre Vasconcellos transcreveu outra versão, em 1830, para o achado da imagem no Itaguaçu. Diz ele que uma mulher havia modelado em barro uma tosca e pequena imagem de Nossa Senhora e a levara para o capelão da Capela de N. Senhora do Rosário benzê-la. Este, não se agradando das feições da imagem, não a quis benzer, mas, quebrando-a, jogou-a no rio Paraíba.

Para mistificar a volta da Imagem para o nicho de seu Santuário, quando era levada para a matriz durante o século dezoito e dezenove, o povo elaborou esta lenda: os padres levam a Imagem para a matriz de Guaratinguetá, mas ela, não querendo permanecer lá, volta sozinha, à noite, para seu altar no Santuário. O fato é este: todos os anos o pároco levava a Imagem para aquela matriz. Tanto a ida como a volta eram solenes, acompanhadas pelos devotos.

A lenda da sombrinha é interessante. Foi motivada pelo gonfalone que permaneceu pendurado no teto do presbitério da Basílica Velha entre 1909 e 1970. A lenda diz que, em dias de carnaval, uma jovem desabusada entrou com sua fantasia no templo e a sombrinha colorida que portava foi abruptamente arrebatada para o alto e ficou fixada no teto da igreja como uma castigo de Nossa Senhora.

A 'tal sombrinha', porém, era o gonfalone pequeno, um dos símbolos de Basílica, que fora fixado no teto do presbitério, em 1909, quando a igreja recebeu o título de Basílica. O gonfalone, de fato, se parece com um guarda-chuva e tem faixas de pano brancas e amarelas, o que fez o povo confundi-lo com uma sombrinha. Ainda hoje, depois de 25 anos após sua retirada do teto, vez por outra, alguém pergunta pela sobrinha da carnavalesca.

13
OS REDENTORISTAS
E O SANTUÁRIO_____

Até a proclamação da República, a Igreja no Brasil sofreu uma carga muito grande de limitação de suas liberdades: não possuía seminários adequados, os bispos não tinham liberdade de associação, não podiam introduzir novas congregações religiosas e as já existentes não podiam receber noviços. Numa palavra, a Igreja não tinha a liberdade de ser missionária, estava confinada na sacristia, na expressão do Padre Júlio Maria. Por isso não se fazia presente no meio do povo pela falta de paróquias e de sacerdotes suficientes e bem preparados.

Durante o Império, sem o atendimento pastoral necessário, o povo se refugiou nas manifestações religiosas populares: irmandades, procissões, romarias aos santuários, devoções aos santos e especialmente a Nossa Senhora, a celebração da Semana Santa e do Santo Padroeiro.

Com o advento do regime republicano, que separou a Igreja do Estado pelo Decreto 119A, de 7 de janeiro de 1890, ela ganhou novamente plena liberdade, mas perdeu a proteção do Estado, que reconheceu a liberdade de culto.

Desde que Dom Lino Deodato Rodrigues de Carvalho, bispo de São Paulo, recebeu de volta a administração do Santuário, a 17 de janeiro de 1890, ele procurou entregar sua direção pastoral, isto é: o cuidado dos peregrinos a uma congregação missionária. Enviou, em maio de 1894, seu bispo coadjutor, Dom Joaquim Arcoverde de Albuquerque Cavalcanti, para Roma com essa missão. Dom Joaquim contratou os missionários redentoristas alemães, que chegaram ao Santuário de Aparecida a 28 de outubro daquele mesmo ano.

Os missionários redentoristas alemães haviam trabalhado no Santuário de Nossa Senhora de Altötting, o maior da Baviera. Foi com essa experiência na pastoral de santuário que eles iniciaram, em 1895, o trabalho com os romeiros de Aparecida. Foram muito prudentes e bem aceitos, pois souberam respeitar os sentimentos religiosos de nosso povo, sua maneira de ser como católicos, muito dados a promessas e romarias, mas sem uma vivência mais profunda da fé, à qual eles procuravam levá-lo pela pregação da palavra de Deus e pelos sacramentos.

Como missionários cheios de zelo pelas almas, herdado do grande missionário napolitano e grande divulgador da verdadeira devoção a Nossa Senhora, Santo Afonso M. de Ligório, seu fundador, eles se atiraram ao trabalho de evangelização com muita fé e zelo. A catequese de crianças e adultos, pregação simples e direta aos peregrinos, atendimento das confissões e a celebração fervorosa da santa missa foram seus primeiros atos de pastoral em favor dos romeiros. Souberam ainda tocar seus corações pelo bom acolhimento.

Para isso privilegiaram os três altares do Santuário: o Altar da Eucaristia, onde se parte o pão da palavra de Deus e o corpo do Senhor; o Altar da Penitência, onde se realiza a reconciliação dos pecadores com Deus e o Altar da Gratidão — Sala dos Milagres — onde o peregrino deposita seu ex-voto.

Como eles mesmos eram dados a fazer votos ou promessas em sua terra, não estranharam esse comportamento do povo brasileiro; antes apreciavam seus gestos de gratidão e admiravam suas promessas. Assim favoreciam o cumprimento delas, procurando, entretanto, fazer com que seus votos não fossem apenas um gesto exterior, mas tivessem um conteúdo de fé e de confiança em Nossa Senhora.

A pregação da palavra de Deus e a recepção piedosa e consciente dos sacramentos foram os meios de que se utilizaram para levar o povo a viver melhor seus compromissos batismais. Foram exemplares no atendimento do sacramento da confissão. Instruíam, orientavam os peregrinos para que, mediante um bom exame de consciência, pudessem adequar suas vidas aos mandamentos. O fazendeiro e amigo da primeira hora, o Cel. Rodrigo Pires do Rio, dizia em 1919, por ocasião da celebração do Jubileu de Prata da chegada dos missionários alemães ao Santuário: "Em pouco tempo eles eram senhores do campo. Tinham metamorfoseado os costumes morais e materiais do povo de Aparecida. Eis como se explica a intensa peregrinação, que diariamente vem prestar culto à Rainha do céu e da terra".

No Santuário, os missionários redentoristas deram ênfase especial à contínua pregação da palavra de Deus, às catequeses e instrução dos romeiros. Com fervor eles procuraram levar os peregrinos a participar dos sacramentos, especialmente da missa e a comunhão freqüente. Não tiveram medo de se assentar nos confessionários para atender caridosamente as confissões dos romeiros. Como Santo Afonso, eles usaram desse sacramento para levar o povo a confiar na misericórdia de Deus. Retomaram ainda, com propriedade, o tema do patrocínio de Maria em favor do povo de Deus. Mais do que nunca eles procuraram despertar a confiança dos peregrinos na poderosa proteção de Maria, a Senhora Aparecida.

Sua contribuição para o desenvolvimento

A causa principal do desenvolvimento da devoção e do santuário foi, e é, sua mensagem de jubilosa esperança de salvação depositada em Jesus Cristo por mãos de Maria. Entretanto, os agentes de pastoral também têm seus méritos, e muito, no mesmo processo. No Santuário, os missionários redentoristas contribuíram para esse fim pela sua presença apostólica e seu zelo pelos mais pobres. Eles aplicaram a pastoral como um ato de Igreja em favor do povo e foram muito felizes e acertados.

Entretanto, devemos apontar entre as causas do desenvolvimento do Santuário e da devoção a Nossa Senhora Aparecida pelo Brasil inteiro as Santas Missões pregadas pelos missionários a partir de 1897, a fundação do Jornal Santuário e da Rádio Aparecida. A partir de 1902, eles passaram a levar para as missões uma cópia da Imagem Milagrosa e logo perceberam que havia um atrativo especial para o povo. A 10 de novembro de 1910, lançavam o primeiro número do Jornal Santuário de Aparecida e, a 8 de setembro de 1951, iniciavam a evangelização pela Rádio Aparecida. Por esses meios eles conseguiram que a devoção penetrasse sempre mais profundamente no coração do povo. A Imagem nas missões, o jornal e a Rádio, sem dúvida, contribuíram muito para o desenvolvimento da devoção e do Santuário.

14
A FESTA DA COROAÇÃO

Após 10 anos de trabalho junto do Santuário (1894-1904), os missionários redentoristas alemães estavam satisfeitos com os resultados obtidos na pastoral. Podiam, então, preparar os romeiros para a maior festa religiosa que ia acontecer na história religiosa de nossa pátria: a Coroação da Imagem a 8 de setembro de 1904. Pela primeira vez na Igreja reunia-se a multidão de cerca de 15 mil pessoas, de 14 bispos e centenas de sacerdotes[5].

A coroação tinha sido proposta por Dom Joaquim Arcoverde na reunião dos Bispos, em 1901, e acatada por eles. Formaram-se duas comissões especiais de preparação: em São Paulo e no Rio de Janeiro. Em Aparecida, ocuparam-se dela os padres redentoristas. Seu superior, Pe. Gebardo Wiggermann, se incumbiu, a pedido de Dom Joaquim Arcoverde, de enviar os documentos necessários a Roma. A faculdade da coroação, pedida ao Cabido da Basílica de São Pedro, e assinada pelo papa, chegou a Aparecida a 4 de fevereiro, endereçada ao Padre Gebardo.

Finalmente, no dia 8 de setembro, aconteceu a festa. Na véspera, dia 7, à tardinha, os Bispos, revestidos com suas insígnias, alternando com o coro do Santuário, cantaram o Te Deum de ação de graças pela independência do Brasil.

No dia 8, desde às 3:00 horas da madrugada, sucediam-se, no altar-mor e nos laterais, as missas celebradas sucessiva-

---

[5] Durante o regime imperial, os bispos e os párocos não podiam deixar sua diocese ou paróquia sem licença do Imperador, sob pena de serem demitidos.

mente por bispos e sacerdotes. Os romeiros, às centenas e aos milhares, participavam delas; suas preces e cânticos contagiavam a multidão que crescia a cada hora.

Finalmente, às 9:00 horas, acontecia na praça do Santuário a Missa Pontifical da Coroação, presidida pelo Núncio Apostólico, Dom Júlio Tonti. A coroa de ouro, utilizada no ato, foi a mesma doada pela Princesa Isabel, em 1888. Na procissão de entrada, precediam os sacerdotes, os bispos e o Pe. Gebardo Wiggermann, que levava a coroa numa rica almofada.

Após o evangelho e a pregação de Dom Joaquim Arcoverde, foi lido o documento que permitia a coroação da Imagem de Nossa Senhora da Conceição Aparecida. Um silêncio profundo caiu sobre a multidão, quando o bispo de São Paulo, Dom José de Camargo Barros, subia passo a passo os degraus do trono da Imagem. Em seguida, coroou a Imagem. Só então o povo quebrou o silêncio e prorrompeu em vivas e palmas à sua Senhora e Rainha. Em seguida houve a inauguração do Monumento à Imaculada na Praça do Santuário.

Para a tarde daquele dia foi programada grandiosa procissão com a Imagem coroada, na qual tomaram parte o Sr. Núncio Apostólico e todos os bispos revestidos de mitra e sobrepeliz, portando cada um seu báculo. "Isto aconteceu pela primeira vez na história da Igreja no Brasil", escrevia Padre Gebardo ao Pe. Pedro Oomen, redentorista de Roma, que havia providenciado os documentos.

A festa teve repercussão tanto entre o povo como entre as mais altas camadas da sociedade, influenciando beneficamente até alguns membros do governo republicano. Foi grande a satisfação do povo que viu a querida e venerada Imagem de sua Padroeira coroada solenemente.

15
AS DUAS BASÍLICAS _____

Três igrejas serviram para o Santuário de Aparecida, desde sua fundação em julho de 1745. A primeira igreja ficou conhecida como '**Igreja do Padre Vilella**'. Ele a construiu e a inaugurou a 26 de julho de 1745. Foi o primeiro Santuário, que acolheu multidões durante 145 anos (1745-1888). Era de taipa de pilão e não resistiu ao tempo e às intempéries. A segunda que a substituiu, e que ainda existe, foi inaugurada a 24 de junho de 1888. Podemos chamá-la '**Igreja de Monte Carmelo**' (*Basílica Velha*) porque foi ele que lutou para construí-la. Serviu como Santuário durante 95 anos, (1888-1983), acolhendo multidões de peregrinos, que vinham de todos os recantos do país para prestar culto à Mãe de Deus.

A terceira igreja (*Basílica Nova*), consagrada pelo Papa João Paulo II, a 4 de julho de 1980, também pode ter um nome, aliás dois: '**Igreja de Dom Macedo e do Padre Sotillo**', pois foram estes dois corajosos missionários redentoristas que assumiram o penoso trabalho de construí-la. Desde o dia 3 de outubro de 1983, ela se tornou o Santuário Nacional, onde se reúnem os devotos para suplicar e louvar a Mãe Deus.

História dessas duas Basílicas

Temos em Aparecida duas igrejas, dois Santuários, duas Basílicas. As duas são importantes e têm uma longa história de amor e de sacrifício; as duas são muito apreciadas pelos peregrinos. Uma é testemunha de pedras e de tijolos da devoção dos peregrinos; a outra de concreto e tijolos. Ambas falam do intenso amor do povo brasileiro que nela se concentra diariamente e, sobretudo, nos fins de semana, para suplicar à Mãe de Deus fé e esperança.

A Basílica Velha — Ela foi iniciada quando a riqueza do café chegou até o Vale, em maio de 1845. Sua fachada de pedra com as duas belíssimas torres foi construída pela Mesa Administrativa entre 1845 e 1864, quando foi concluída a última torre, a esquerda. A construção permaneceu parada até 1878, não por falta de verba, mas por falta de vontade e, sobretudo, por causa da administração corrupta que dependia do Juiz Municipal de Guaratinguetá, pois era ele que nomeava os membros da Mesa.

Em janeiro de 1876, um monge beneditino, Cônego Frei Joaquim do Monte Carmelo, que havia brigado com seu Bispo, Dom Lino D. R. de Carvalho, em São Paulo, veio residir na cidade de Guaratinguetá. Era Juiz Municipal da cidade, um jovem baiano, e seu conterrâneo de São Salvador da Bahia, Dr. José de Barros Franco. Este, no dizer de Rodrigo Pires do Rio, cultuava o direito e a justiça e por isso se propôs com Monte Carmelo a dar um destino honesto às rendas do cofre do Santuário. Para isso ele nomeou como tesoureiro do Santuário o Tenente Inácio Loyola Freire Bueno. Assim estavam em plena concordância os três homens que resolveram dar continuidade à construção da igreja, chamada hoje Basílica Velha.

Em janeiro de 1878, Monte Carmelo fazia o projeto de construir as naves (três: central e duas laterais), permanecendo o presbitério da anterior que estava construído com tijolos e naturalmente a fachada com suas duas torres, parte construída do novo projeto. Orçou tudo em 50:000$000Rs. (cinqüenta contos de réis). Mas em janeiro de 1879, Monte Carmelo resolveu por motivo de proporcionalidade construir novo presbitério, apresentando um orçamento total de 110:000$000Rs. (cento e dez contos de réis), com prazo de três anos para entrega.

Infelizmente, outros Juízes e outros Tesoureiros substituíram Barros Franco e Freire Bueno, mas não com a mesma honestidade e a mesma boa vontade. A corrupção voltou impiedosa sobre as Mesas Administrativas posteriores, chegando algumas a negar a entrega das parcelas devidas pelo contrato a Monte Carmelo. Os desmandos da administração eram tantos que foi necessária a intervenção da Assembléia Provincial de São Paulo. Esta nomeou diretamente, em 1885, um tesoureiro honesto na pessoa do Sr. Manoel Domiciano da Encarnação e afastou o corrupto Bento Barbosa Ortiz. Com as verbas em dia, Monte Carmelo pôde continuar a construção e concluí-la no início de 1888. A 24 de junho de 1888, a nova igreja (Basílica Velha) era inaugurada solenemente por Dom Lino D. R. de Carvalho, bispo de São Paulo.

Essa igreja de Monte Carmelo, de estilo barroco, o belo e elegante Santuário da Colina de Aparecida, Centro Histórico, tornou-se um templo de reconciliação. Nesta mesma igreja, onde milhares e milhões de peregrinos encontrariam a paz e a reconciliação com Deus, o próprio Monte Carmelo foi o primeiro a encontrá-la. No dia da inauguração ele celebrou nela a primeira missa das 6:00 horas, após ter recebido a indulgência da suspensão das ordens sacras, à que estava sujeito desde 1876. Monte Carmelo foi o primeiro devoto e peregrino a obter de Maria, a Mãe de Jesus, a graça da reconciliação com Cristo e com a Igreja em o novo templo.

A Basílica Nova — Desde 1917, pensava-se em construir uma nova igreja. Em 1929, a grande concorrência de povo para o Congresso Mariano, celebrado naquele ano, tornou evidente e premente a necessidade de construí-la. Como os recursos do cofre do Santuário eram empregados na construção da nova Catedral da Sé e em outras obras da Arquidiocese de São Paulo, Dom Duarte Leopoldo e Silva deixou essa tarefa para seu sucessor.

Em 1939, Dom José Gaspar de Afonseca e Silva, sucessor de Dom Duarte na Sé de São Paulo, prometeu na sua primeira visita a Aparecida, a 23 de novembro daquele ano, já como Arcebispo, construir um novo templo. Escolheu para isso a região do Morro do Cruzeiro cujas terras foram compradas em 1940. Mas, como uma equipe de engenheiros desaconselhasse a construção naquele terreno, ele se voltou para o Morro das Pitas, escolhendo com os redentoristas uma gleba de 60 alqueires, a partir daquele morro, onde está construída hoje. Sua morte prematura, porém, acontecida em desastre de avião a 27 de agosto de 1943, paralisou os trabalhos. Seu sucessor, Dom Carlos Carmelo de Vasconcellos Motta, confirmou a escolha do local, em 1944. O terreno da atual Basílica Nova foi adquirido de dez proprietários, a 4 de setembro de 1946.

Houve dois lançamentos solenes da pedra fundamental; o primeiro, a 10 de setembro de 1946, presidido pelo Dom Manuel Gonçalves Cerejeira, Cardeal Patriarca de Lisboa, que algum tempo depois foi roubada e lançada no rio; o segundo acontece a 8 de setembro de 1952.

Entre 1946 e 1955, o engenheiro-arquiteto Dr. Benedito Calixto de Jesus Neto se ocupou com o projeto das plantas. Em 1953 foi canalizado por conta do Departamento de Obras do Estado de São Paulo o córrego da Ponte Alta, e, em 1954/55, a Firma Mariutti realizou o desmonte do Morro das Pitas e preparou o canteiro de obras da futura construção.

Em julho de 1955, o Cardeal Motta entregou a tarefa da construção a seu bispo auxiliar, Dom Antônio Ferreira de Macedo, que até aquele momento exercia o cargo de superior provincial dos Missionários Redentoristas.

Etapas da construção:

Nave Norte — A 11 de novembro de 1955, concretavam-se as primeiras sapatas da Nave Norte, cuja conclusão, incluindo a alvenaria, se deu em outubro de 1963. A partir de 21 de junho de 1959, o atendimento dos peregrinos aos domingos passou a ser feito naquela nave.

Torre Brasília — Seus alicerces foram abertos nos últimos meses de 1959. Sua estrutura de aço foi doada pelo governo federal do Sr. Juscelino Kubitscheck. Os trabalhos de alvenaria foram concluídos em 1963. A torre mede 100 metros de altura e 20 de largura, com 17 andares.

Cúpula — Tem 60 metros de altura e consta de duas esferas sobrepostas, com uma escada que circula entre uma e outra até o lanternim. Seus alicerces foram abertos em 1964. A primeira esfera, a interna, foi concretada em meados de 1969, a segunda, a externa, no segundo semestre. Em agosto de 1970, também a alvenaria estava concluída.

Nave Sul — Iniciou-se sua construção em 1971 e foi concluída e utilizada pelo povo na festa da Padroeira de 1974.

Naves Leste e Oeste — Em fins de 1873, já se preparava o local para a construção da nave leste, sendo abertos seus alicerces em março de 1974. Durante sua construção se preparava a nave oeste. A 12 de outubro de 1976, a nave leste começou a ser utilizada e a oeste, antes da festa da Padroeira de 1977.

A estrutura das quatro alas é idêntica com exceção da ala sul que é 16 metros mais longa. Todas constam de três naves, chegando a nave central até a altura de 40 metros.

Área construída e capacidade — A área construída de todo o templo é de 23.200 metros quadrados e sua lotação normal de 45 mil pessoas e a máxima de 70 mil.

Os recursos para a construção vieram dos donativos do povo. Dom Macedo que lutou com muitas dificuldades no início dizia: "O novo Santuário foi construído com o palpite dos ricos, as críticas dos padres e o dinheiro do povo".

16
EVENTOS QUE MARCARAM O SANTUÁRIO

𝕵á mencionamos e descrevemos o evento que marcou o início do crescimento do Santuário: a Coroação da Imagem em 1904. Já tratamos também de suas causas remotas: a mensagem de jubilosa esperança de salvação que nasce junto da Imagem da Senhora da Conceição Aparecida; a pastoral introduzida pelos missionários redentoristas alemães, em 1895; e as romarias programadas de 1900. Outros passos que marcaram seu crescimento foram:

Jubileu do Bicentenário, em 1917

Entre 1904 e 1917, o movimento de romeiros ao Santuário foi intenso. Os trens da Central do Brasil continuaram a transportar anualmente milhares e milhares de peregrinos. Os trens especiais chegavam especialmente para o aniversário da Coroação, a cada 8 de setembro, que se tornou o dia de maior festa no Santuário.

As tropas e os cargueiros, porém, ainda não tinham sido aposentados; muitos peregrinos, com suas famílias, continuavam a chegar em caravanas de 10, 15, 20 e até 30 animais. Estes pernoitavam nas 'Casas da Santa' e traziam apetrechos de cama e mesa, inclusive a lenha necessária para cozer os alimentos.

Aos poucos surgiam pequenos hotéis e hospedarias. Assim, num misto de progresso e de parada no tempo e no espaço, chegamos até o ano de 1917. Celebrava-se então os 200 anos do achado da Imagem no rio Paraíba (1717-1917).

A festa do Jubileu foi programada para toda a Arquidiocese de São Paulo e as dioceses sufragâneas, sendo Aparecida o alvo principal das festividades. O ponto alto das comemorações ficou fixado para o dia 8 de setembro de 1917, mas o jubileu se estendeu desde a festa de N. Senhora Aparecida, de 11 de maio de 1916 a 11 de maio de 1918.

A festa foi precedida por uma novena pregada pelo padre jesuíta José Rossi. Na frente da Basílica foi levantado um belo altar para a Missa Pontifical. No dia 8, às 3:00 horas, iniciaram-se as missas celebradas por bispos e padres peregrinos. Às 3:40 chegou o primeiro trem da romaria de São Paulo com 13 carros de primeira classe; e o de segunda chegou às 5:00 horas. O número de comunhões durante a novena e festa chegou a 5 mil. Acompanharam a romaria de São Paulo 4 bispos, 25 sacerdotes e muitos seminaristas.

O Ano Jubilar foi de muito trabalho nos confessionários e no púlpito, conforme escrevia o Pe. João B. Kiermeier ao superior geral dos redentoristas em Roma, Pe. Patrício Murray: "Diariamente chegam muitos romeiros, e é grande nosso trabalho nos confessionários: muitos são os homens que se confessam contritos após muitos anos de afastamento dos sacramentos".

Padre Kiermeier havia pedido à Santa Sé as indulgências próprias de jubileus, que foram concedidas em maio de 1917. A respeito da procura do Santuário para lucrar as indulgências, o mesmo padre anotava: "A afluência dos peregrinos ao Santuário para lucrar as indulgências do Jubileu é grande; muitas são as ovelhas que voltam para o redil por intercessão da Virgem Santíssima".

De fato, no Ano Jubilar do bicentenário do encontro da Imagem, verificou-se novamente a força da mensagem de jubilosa esperança da salvação em Jesus Cristo. O Jubileu foi mais um passo no crescimento tanto da devoção no meio do povo como do próprio Santuário.

Congresso Mariano de 1929

A festa da Coroação da Imagem, em 1904, foi tão importante para o Santuário e teve tanta influência na devoção do povo, que Dom Duarte Leopoldo e Silva quis celebrar os 25 anos — Jubileu de Prata (1904-1929) — de modo especial. Para a celebração desse Jubileu ele propôs e organizou um Congresso Mariano, para ser celebrado em Aparecida, entre os dias 5 e 7 de setembro de 1929.

Durante o Congresso houve sessões de estudos no recinto da Basílica e da igreja de São Benedito, nesta foram tratados temas sociais e naquela, temas religiosos. Estiveram presentes 27 bispos, centenas de sacerdotes e milhares de peregrinos. Usaram da palavra padres e leigos; entre estes últimos destacamos o Dr. Wenceslau Braz, ex-presidente da República; Dr. Altino Arantes, ex-presidente de São Paulo; Dr. José Pires do Rio, ex-ministro federal da Viação e Obras Públicas; Dr. Armando Prado; Dr. Vicente Melillo, ilustre confrade vicentino, e as senhoritas Idaty de Azevedo e Stella Faro, da sociedade da capital de São Paulo.

Notou-se novamente nesse Congresso a força da Mensagem do Santuário, que atraía cada vez mais as pessoas de todas as classes para junto de Deus. Foi no final desse evento que o líder do episcopado brasileiro Dom Sebastião Leme, Cardeal-Arcebispo do Rio de Janeiro, apresentou aos senhores bispos a proposta para pedir a Santa Sé que declarasse

Nossa Senhora Aparecida Padroeira do Brasil. Depois de alguma resistência[6] tanto da parte do nosso episcopado como da própria Santa Sé, a moção foi aceita.

A 16 de julho de 1930, o Papa Pio XI declarava Nossa Senhora da Conceição Aparecida como Padroeira do Brasil. "Nada mais oportuno, dizia o Santo Padre, do que atender o pedido não só dos bispos, mas de todos os católicos do Brasil, que veneram a Imaculada Conceição da Virgem Maria com zelo e piedade desde o descobrimento até nosso tempo. Essa nossa declaração servirá para o aumento, cada vez maior, de sua devoção para com a Mãe de Deus."

A proclamação de Padroeira, em 1931

Foi novamente o Cardeal-Arcebispo do Rio de Janeiro, Dom Sebastião Leme, que tomou a iniciativa para a festa da proclamação de Nossa Senhora Aparecida como Padroeira do Brasil. Ele iniciou os preparativos em fins de 1930, programando uma grande manifestação popular na capital federal do Rio de Janeiro perante as autoridades civis, militares e eclesiásticas para o dia 31 de maio de 1931.

Acertou ainda com os Srs. Bispos e o clero a celebração de um Congresso Mariano, que teve início a 24 de maio. Celebrações, conferências, vigílias e preces foram organizadas em todas as paróquias da capital. O fato notável foi o comparecimento não só do povo, mas também de intelectuais, autoridades e líderes católicos. O clima do Congresso era envolvente, atingindo todas as classes sociais.

---

[6] A oposição vinha dos bispos do Norte e Nordeste, que têm títulos importantes, e da Santa Sé porque a Imaculada Conceição já era padroeira da América Latina, e São Pedro de Alcântara, padroeiro do Brasil.

Para o encerramento do Congresso e para a grande festa da Proclamação de Padroeira, no dia 31, o Cardeal Leme quis e conseguiu a presença da Imagem Milagrosa de Nossa Senhora Aparecida. Em trem especial, e ricamente enfeitado, a Imagem foi conduzida para o Rio de Janeiro, saindo de Aparecida no dia 30 de maio, um sábado, às 22:00 horas. Preces, lágrimas e emoção acompanharam essa peregrinação histórica desde que saiu de Aparecida e para cá voltou. Era a primeira vez, desde 1889, que a Imagem saia de seu Santuário.

Durante todo o trajeto, houve um ambiente de respeito e preces tanto no interior do Carro-Capela como nas estações, onde o povo aguardava sua passagem. Depois de dez horas de peregrinação, às 6:00 horas do dia 31, a Imagem chegou à Estação de Dom Pedro II, no Rio. Dom Leme recebeu-a comovido das mãos de Dom Duarte. A multidão era imensa e grande foi o cortejo que a conduziu até a igreja de São Francisco de Paula, num trajeto de quase duas horas. Durante o dia, a Imagem ficou exposta naquela igreja.

Às 14:00 horas, iniciou-se a procissão conduzindo a Imagem para a Esplanada do Castelo, onde iria acontecer a proclamação solene. Na Esplanada, outra multidão aguardava a Imagem. No grande estrado estavam o presidente Dr. Getúlio Vargas com os Ministros de Estado, autoridades civis militares e eclesiásticas. Um grande silêncio invadiu a Praça, quando a Imagem foi colocada no altar. Após o discurso de saudação, S. Emª o Sr. Cardeal Leme iniciou o ato de consagração do Brasil à sua Mãe e Padroeira. A imensa multidão de mais de um milhão de pessoas repetia as palavras de consagração. Era o Brasil que se consagrava à sua Senhora e Mãe, que suplicava o patrocínio valioso de sua Rainha e Padroeira:

"Senhora Aparecida, o Brasil é vosso!
Rainha do Brasil, abençoai a nossa gente,
Paz ao nosso povo! Salvação para a nossa Pátria!

Senhora Aparecida o Brasil vos ama,
o Brasil em vós confia!
Senhora Aparecida, o Brasil vos aclama
Salve Rainha!"

Após as preces, aclamações e vivas, Dom Duarte levou a Imagem para o Carro-Capela, estacionado na Estação Dom Pedro II, que a conduziria de volta a seu Santuário. Repetiu-se, ainda mais demorada, a viagem de volta, com o povo aclamando sua Senhora e Rainha não só nas estações, mas ao longo do leito da Estrada de Ferro até chegar a Aparecida no dia primeiro de junho, pelas 7:00 horas.

Como fecho desta descrição, transcrevo as palavras escritas pelo Padre José Francisco Wand no Livro do Tombo da paróquia de Aparecida: "É absolutamente certo que o dia 31 de maio será sempre um dos mais memoráveis da História da Terra de Santa Cruz. O dia 31 de maio significa para Aparecida o desenvolvimento grandioso das romarias".

Peregrinação da Imagem pelo Brasil

Para preparar a celebração do Jubileu dos 250 anos do encontro da Imagem, em 1967, S. Emª o Cardeal-Arcebispo de Aparecida, Dom Carlos Carmelo Vasconcellos Motta, propôs uma peregrinação da Imagem pelo Brasil. Lemos nas Atas do Conselho Pró-Santuário, que "em preparação para o Ano Jubilar de 1967, será organizada uma grande peregrinação da Imagem pelo território nacional como uma 'Visita de Nossa Senhora da Conceição Aparecida' para todos seus devotos".

A visita foi organizada em dois períodos: de 3 de maio de 1965 a 24 de dezembro de 1966, e de 29 de fevereiro a 30 de outubro de 1968. No primeiro período foram feitas oito peregrinações e no segundo, sete.

Entre 1965 e 1968, a Imagem percorreu todas as capitais dos Estados, as sedes de 8 Prelazias, 174 Dioceses e 23 Arquidioceses. A Imagem foi conduzida por Dom Antônio Ferreira de Macedo, Arcebispo Coadjutor de Aparecida. Mil e trezentas localidades foram visitadas nas quais foram gastos 508 dias com percurso de 45 mil quilômetros, dos quais 15 mil por via aérea e cerca de 100 por via fluvial.

Em toda a parte foi grande e extraordinário o concurso de povo, mesmo nas regiões onde existem outros Santuários regionais. Também no Sul, a recepção foi extraordinária. A Imagem foi recebida oficialmente até pelas autoridades civis, membros de outras confissões religiosas.

Por onde a Imagem passava, havia vigílias de preces, penitência e fé. Muitos confessores estiveram apostos durante essas vigílias para atender as confissões. "Grandes foram os frutos espirituais, dizia Dom Macedo, e maiores teriam sido se houvesse mais tempo e uma equipe maior de sacerdotes disponíveis para pregar ao povo e atender as confissões." Durante as peregrinações foram distribuídas 1.500.000 comunhões, e sem conta as conversões havidas, geralmente por aquelas pessoas que buscavam e encontravam uma resposta de fé para suas angústias.

O interior da Nova Basílica nos dias de grande movimento

17
JUBILEU DE 1967_____

O ano de 1967 marcou uma nova etapa para o Santuário de Aparecida e, no contexto geral, o mundo estava em plena era de modernidade. O homem já havia pousado na lua, mas não havia conseguido ainda cicatrizar as feridas da guerra de 1939/45. A humanidade saíra ferida não só pelos tanques e bombas, que vitimaram milhões de seres humanos, mas muito mais pela tecnologia moderna, pelo bem-estar e civilização consumista que dispensaram Deus na vida do homem. O mundo estava dividido entre Norte e Sul, entre países ricos e pobres, entre primeiro e terceiro mundo. Era a década de 60.

A partir dos sinais dos tempos, novos rumos para a vida religiosa foram apontados pelo Concílio Vaticano II. Uma nova reflexão teológica procurou encontrar um caminho novo de solução para o terceiro mundo; especialmente para a América Latina, onde predominava a situação de pobreza, analfabetismo, de marginalização do progresso e bem-estar. Nascia a Teologia da Libertação que fez a Igreja refletir sobre as injustiças cometidas contra os pobres; era um grito profético para a sociedade consumista que deixava grande parte da população na fome e na miséria.

Dentro da própria Igreja, como reação pós-conciliar, os valores da religiosidade popular, que muitos teóricos da pastoral moderna consideravam alienante, foram contestados. Entre os anos de 1965 e 1970, a presença de sacerdotes no Santuário de Aparecida caiu para bem mais de um terço em relação às décadas anteriores e posteriores. Foi nessas circunstâncias de revisão e crise que o Santuário de Aparecida celebrou os 250 anos do encontro da Imagem de Nossa Senhora da Conceição Aparecida.

Não obstante essa crise, a celebração do Jubileu foi um marco de crescimento e desenvolvimento da devoção e do Santuário. Os modernos meios de transporte e as novas estradas também contam. Mas como todo o crescimento numérico pode trazer desvantagens qualitativas, o grande movimento de peregrinação, verificado a partir de 1967, trouxe o assim chamado 'turismo religioso', apoiado e promovido pela proliferação das agências de turismo ou pelos 'fazedores de romaria'. É verdade que, também para aqueles que vêm com espírito de turismo, o Santuário, diz o Papa João Paulo II, deve ser um lugar de acolhimento para o aprofundamento da fé e da própria conversão.

O Jubileu foi celebrado com um Ano Mariano promulgado pelo Cardeal Motta em 1966. Sua abertura solene foi realizada com missa campal às 24:00 horas do dia 31 de dezembro de 1966, na praça da Basílica Velha.

Os atos marcantes do Ano Mariano foram: a Assembléia Nacional dos Bispos, realizada em Aparecida no início do mês de maio; a entrega da Rosa de Ouro; e, finalmente, a grande festa do dia 12 de outubro, a mais concorrida até então. Não resta dúvida que todo o Ano Mariano se revestiu de solenidades, eventos e celebrações. Naquele ano, no último dia do mês de maio, foi realizada a grande procissão fluvial no rio Paraíba, desde o Porto do Itaguaçu até a Ponte Alta, com a Imagem original para comemorar o achado da Imagem.

Como apoteose do Ano Mariano, e para o seu encerramento, a 31 de dezembro de 1967, a direção da Rádio Aparecida organizou um espetáculo artístico na Praça do Santuário, encenando a pesca da imagem e os primeiros milagres. A representação foi um sucesso absoluto, edificando peregrinos e aparecidenses que lotaram a praça.

A Rosa de Ouro — Para honrar e distinguir personalidades eminentes, cidades ou países, o Papa Leão IX iniciou, no século novo, o costume de entregar uma Rosa de Ouro. Este presente serviu também como um mimo para distinguir santuários importantes.

O Brasil recebeu duas Rosas de Ouro. A primeira foi entregue pelo Papa Leão XIII à Princesa Isabel, a 24 de maio de 1888, para reconhecer seu gesto humanitário pela promulgação da Lei Áurea que libertava os escravos. Sua entrega aconteceu com atos solenes, a 28 de setembro daquele ano.

A segunda foi concedida pelo Papa Paulo VI ao Santuário de Aparecida, como lembrança pelos 250 anos de existência do Santuário. A Rosa foi benzida pelo Papa, a 5 de março, quinto domingo da Quaresma daquele ano de 1967. Trata-se de uma verdadeira obra de arte, executada pelo ourives Mário de Marchis, e consta de dois ramos com cerca de 30 centímetros de altura, com folhas, espinhos, botões e rosas. Ao entregá-la ao Cardeal Amleto Giovanni Cicognani, que a devia trazer para o Santuário, o Papa Paulo VI disse:

"Dizei a todos os brasileiros, Senhor Cardeal, que esta flor é a expressão mais espontânea do afeto que temos por esse grande povo que nasceu sob o signo da Cruz. No Santuário de Nossa Senhora Aparecida, ela dará testemunho de nossa constante oração à Virgem Santíssima para que interceda junto de seu Filho pelo progresso espiritual e material do Brasil".

Apesar de não ser feriado, cerca de 30 mil peregrinos vieram de todos os cantos do país para a entrega da Rosa de Ouro no dia 15 de agosto daquele ano de 1967. Esteve presente também, além de outras autoridades, o Presidente da República, Marechal Costa e Silva. O Sr. Cardeal-Arcebispo, Dom Carlos Carmelo de V. Motta, recebeu, das mãos do Legado Papal,

Cardeal Cicognani, o precioso mimo para o Santuário; havendo logo em seguida Missa Pontifical.

A Rosa de Ouro esta exposta até hoje no próprio nicho da Imagem.

18
TÍTULOS E FESTAS DO SANTUÁRIO ___

A maioria dos nossos santuários só tem grande movimentação de povo por ocasião da novena e da festa anual. O Santuário de Aparecida difere deles todos, pois é procurado durante o ano inteiro; poucos são os fins de semana com menos de 40 mil peregrinos; a maioria ultrapassa os 80 mil, chegando até 120, 130 e 150 mil. Nos meses de férias escolares — janeiro e julho — o Santuário é muito procurado pelas famílias das grandes cidades que chegam até o Santuário em seus automóveis, e nos meses de maio a novembro pelo povo das capitais e do interior. Ainda são numerosos os grupos que vêm a pé ou a cavalo. Ultimamente os domingos do mês de dezembro são os mais concorridos, reflexo do poder aquisitivo do povo que aumenta com o décimo terceiro salário.

Desde 1967, a maior parte dos domingos é 'dia de festa', tal o número de peregrinos que vêm cantar e rezar junto de sua Padroeira.

1. Festas da Padroeira

Desde a oficialização do culto, a 26 de julho de 1745, quando teve começo o nosso Santuário, a festa da Padroeira era celebrada no dia 8 de dezembro, festa da Imaculada Conceição no calendário universal da Igreja Católica. Em 1878, foi introduzida a celebração do mês de maio com uma festa de Nossa Senhora no encerramento do mês. Havia missa solene e procissão à tarde com a Imagem Milagrosa.

Em 1894, Dom Joaquim Arcoverde, bispo de São Paulo, conseguiu da Santa Sé a faculdade de celebrar uma festa própria em louvor de Nossa Senhora Aparecida, que foi fixada para o quinto domingo depois da Páscoa. Havia então três festas no Santuário: 8 de dezembro, quinto domingo depois da Páscoa e a do encerramento do mês de maio.

De 1904 a 1911, a festa oficial passou para o primeiro domingo do mês de maio, em lugar do quinto domingo da Páscoa. A 20 de março de 1906, a pedido do Cardeal Dom Joaquim Arcoverde, a Santa Sé aprovou texto próprio para a missa e para o ofício divino (hoje Liturgia das Horas). Mas com a reforma litúrgica de 1911, que privilegiava a liturgia do domingo, Dom Duarte transferiu a festa de Nossa Senhora Aparecida para o dia 11 de maio de cada ano, tendo seu início no ano de 1916. Esta data foi oficial até o ano de 1939.

Em 1939, o Concílio Plenário, celebrado no Rio de Janeiro, determinou que, para dar maior realce à festa da Padroeira do Brasil e implorar sua proteção para nossa pátria, a festa fosse celebrada a 7 de setembro de cada ano. Essa data, porém, não foi favorável por causa das celebrações cívicas do Dia da Pátria. Por isso a Conferência Nacional dos Bispos do Brasil — CNBB — em sua Assembléia de 1953, determinou que a festa fosse celebrada a 12 de outubro de cada ano. Uma das razões dessa data foi a aproximação da época do encontro da Imagem, que ocorreu na segunda quinzena de outubro de 1717.

Desde o ano de 1980, o dia 12 de outubro passou a ser feriado nacional, decretado pelo então Presidente da República, Gal. João Batista de Figueiredo. O Diário Oficial publicou, no dia 30 de julho de 1980, o decreto nº 6.802 "declarando feriado federal o dia 12 de outubro para o culto público e oficial a Nossa Senhora Aparecida".

Atualmente prevalece somente essa data para a celebração da festa da Padroeira do Brasil. Mas fica de pé nossa afirmação anterior que a maioria dos segundos, terceiros e quartos domingos dos meses de maio a dezembro o povo festeja Nossa Senhora Aparecida com a presença de mais de 100 mil peregrinos.

2. Títulos e privilégios

Os santuários fazem parte da cultura e da civilização dos povos. Os pagãos do ocidente, sobretudo os gregos e romanos, tinham seus santuários ou lugares sagrados; igualmente os judeus possuíam no Templo de Jerusalém o Santuário do 'Santo dos Santos'. Os cristãos convencionaram dar o nome de 'santuários' às igrejas da Terra Santa, de Roma e outras, por especial carinho e devoção do povo. Atualmente misturam-se os santuários de instituição da Igreja com os de aclamação do povo. O Santuário de Aparecida foi de aclamação do povo e também por decreto da Igreja.

Santuário Episcopal — Em 1893, a 28 de novembro, o bispo de São Paulo, Dom Lino D. R. de Carvalho, conferiu à Capela de Aparecida o título de 'Santuário Episcopal'. Com esse título ele reconheceu, em nome da Igreja, a importância de Aparecida como lugar de peregrinação.

Basílica Menor — As duas igrejas, a velha e a nova, receberam o título de Basílica Menor. Em 1908, Dom Duarte Leopoldo e Silva pediu e conseguiu o título e o privilégio de Basílica Menor para a igreja do centro da cidade, mais conhecida como Basílica Velha. A dignidade foi concedida por Pio X, a 29 de abril de 1908, e executada com a sagração do templo por Dom Duarte, a 5 de setembro de 1909. A Basílica Nova também recebeu o título de Basílica Menor no dia 4 de julho de 1980.

Padroeira do Brasil — Logo após a realização do Congresso Mariano de 1929, por empenho de Dom Sebastião Leme, Arcebispo do Rio de Janeiro, e do reitor do Santuário, Pe. Antão Jorge Hechenblaickner, os bispos presentes no Congresso pediram, e obtiveram do mesmo Papa Pio X, a graça de Nossa Senhora Aparecida ser declarada Padroeira do Brasil. O decreto foi assinado pelo Papa, a 16 de julho daquele ano, e a proclamação oficial se deu na capital do Rio de Janeiro, a 31 de maio de 1931.

Arquidiocese de Aparecida — A paróquia de Aparecida, criada a 28 de novembro de 1893, foi elevada à dignidade de Arquidiocese pelo Papa Pio XII, a 19 de abril de 1958, e instalada solenemente pelo Sr. Núncio Apostólico, Dom Armando Lombardi, a 8 de dezembro daquele mesmo ano, no recinto do novo Santuário ainda em construção. No discurso de instalação da Arquidiocese, Dom Armando Lombardi afirmou: "Caso único na história da Igreja, Aparecida de simples paróquia foi elevada à dignidade de Arquidiocese".

Santuário Nacional — O Santuário de Aparecida foi reconhecido oficialmente como Santuário Nacional do Brasil pela Conferência Nacional dos Bispos do Brasil a 12 de outubro de 1984. Essa declaração da Conferência é uma exigência do novo Direito Canônico para que o Santuário goze de certos privilégios.

3. Papa João Paulo II em Aparecida

O Papa João Paulo II visitou Aparecida no dia 4 de julho de 1980, consagrando a nova igreja e conferindo-lhe o título de Basílica Menor.

Esperava-se há mais tempo uma visita do Papa a Aparecida. O Cardeal Motta desejava convidar Paulo VI para vir consagrar a nova igreja, em 1972. Mais tarde, o próprio Papa Paulo VI chegou a fazer os primeiros contatos para uma visita ao Santuário.

Entretanto, a celebração do Ano Jubilar Mariano, o Congresso Eucarístico de Fortaleza e a conclusão de todo o conjunto do novo templo propiciaram, em 1980, a visita do Papa ao Santuário de Aparecida. Sua vinda foi anunciada a 29 outubro de 1979.

Na madrugada do dia 4, os peregrinos, apesar do frio intenso, começaram a ocupar a grande esplanada, em frente da Nave Sul. João Paulo II, chegou às 10:15, iniciando a missa. Uma multidão de 300 mil peregrinos rezou e cantou com o Papa. O espetáculo foi transmitido para todo o Brasil pela Rádio e TV.

No final de sua pregação o Papa disse: "Como recordação da visita do Papa a este Santuário de Nossa Senhora Aparecida, Padroeira do Brasil, tenho a alegria de proclamar o novo templo, ora consagrado, como Basílica Menor". E concluiu fazendo esta prece:

"Nossa Senhora Aparecida,
abençoai este vosso Santuário
e os que nele trabalham,
abençoai este povo
que aqui ora e canta.
Abençoai todos os vossos
filhos, abençoai o Brasil.
Amém".

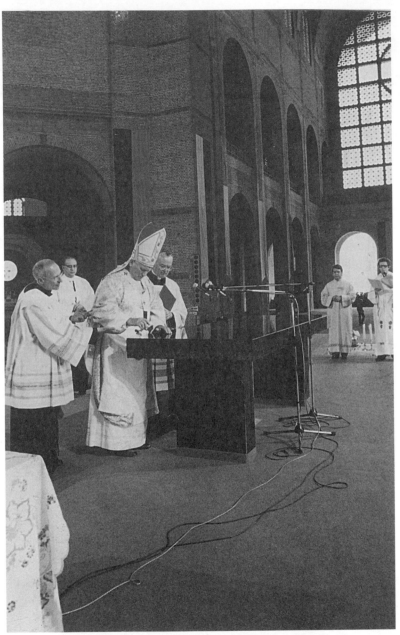

João Paulo II consagra o altar-mor da Basílica Nova

19
OS LOCAIS MAIS VISITADOS

Geralmente existem locais, ao lado dos Santuários, que os peregrinos visitam por motivos ligados à sua história ou por devoções que nasceram no decorrer do tempo. Existem também pontos turísticos que vale a pena visitar. Esses locais ajudam o peregrino a ampliar seus conhecimentos gerais e podem fazer parte de sua romaria.

Desde o início deste Santuário, os peregrinos, depois de orar diante da Imagem, procuram visitar religiosamente a Sala dos Milagres. Ela faz parte integrante do mesmo. Ali os peregrinos encontram boa motivação para crescer no amor e na confiança a Nossa Senhora.

Os locais mais visitados são estes:

Porto Itaguaçu — O local, situado à margem direita do majestoso Paraíba, ficou conhecido por todos por causa do encontro da Imagem em 1717. Sua memória foi sempre preservada e a região ficou conhecida como: Porto Itaguaçu, Bairro das Pedras e, finalmente, depois de 1926, Bairro de São Geraldo. Até 1912 havia, nas proximidades do Porto, uma capelinha tipo 'Santa Cruz de beira de estrada', que certamente indicava o local do primitivo Oratório construído por Atanásio Pedroso, por volta de 1732. A capela que exitia aí foi dedicada, em 1912, a São Geraldo, fato que passou a dar o nome ao bairro, que antes se chamava Bairro das Pedras.

Em fins de 1925, o reitor do Santuário, Pe. José Francisco Wand, iniciou a construção de uma capela como lembrança da pesca da imagem pelos pescadores Filipe Pedroso, Domingos M. Garcia e João Alves. Está localizada na parte mais alta da margem do rio Paraíba; e, junto de seu leito, foi plantado um sinal indicativo do local da pesca, constando de uma cruz de pedra. A capela tem três pequeninas naves abobadadas, e cada uma delas trazia o nome de um pescador. A capela foi inaugurada a 6 de abril de 1926.

Por ocasião do festa dos 250 anos do encontro da Imagem, em 1967, a administração do Santuário tentou urbanizar o local, terreno de um alqueire adquirido em 1953. Mandou colocar junto da Cruz um conjunto moldado em cimento pelo artista aparecidense Chico Santeiro, representando os três pescadores no ato da pesca.

Hoje, o lugar foi totalmente remodelado, tornando-se merecedor da visita dos peregrinos. O terreno foi aterrado e nele se construíram diversas benfeitorias, como: uma capela comemorativa do achado da Imagem, em 1717, com os três pescadores, banheiros e belvederes. Todo o conjunto foi inaugurado a 11 de outubro de 1997.

Mirante das Pedras — A pouca distância do Itaguaçu, junto do asfalto, está o Mirante das Pedras. O local tem uma visão privilegiada, pois se descortina dele uma paisagem maravilhosa sobre as elegantes curvas do rio Paraíba e a Serra da Mantiqueira. O Mirante foi remodelado, mas existia desde 1953. Naquele ano, o Embaixador Macedo Soares sugeriu que ali se fizesse um monumento recordando o achado da Imagem e se colocasse ali uma imagem de bronze de Nossa Senhora Aparecida[7]. O local merece uma visita.

---

[7] Posteriormente aquela imagem de bronze foi transferida para o alto da Serra da Mantiqueira, perto de Passa Quatro, MG, para lembrar que aquela estrada foi o caminho percorrido antigamente pelo Conde de Assumar na sua viagem à Vila Rica (Mariana).

Morro do Cruzeiro — A 2 de agosto de 1925, o povo de Aparecida levou, até o alto do morro próximo do Santuário, uma grande cruz de madeira, para ficar como recordação do Ano Santo da Redenção, celebrado naquele ano. No dia 6 de setembro houve uma grande procissão até o local, onde o Santo Cruzeiro foi benzido solenemente. A seu pé foi colocada, num nicho, uma imagem do Cristo do Monte. A partir daí, o morro recebeu o nome de 'Morro do Cruzeiro' e passou a ser visitado pelo povo de Aparecida e pelos romeiros, que escolhiam aquele local para passeio e oração. À noite costumavam levar velas acesas que iluminam o Cruzeiro.

Em 1948, o Morro do Cruzeiro foi transformado num local de penitência e oração: o caminho da Via-Sacra. Pe. Antônio Pinto de Andrade, reitor do Santuário, construiu lá uma Via-Sacra, que foi inaugurada solenemente no dia 23 de março daquele mesmo ano, uma segunda-feira da Semana Santa. Coberto de eucaliptos, plantados pelos seminaristas do Santo Afonso em anos anteriores, o Morro do Cruzeiro se tornou convidativo e um local de visita obrigatória para grande parte dos romeiros. Especialmente grupos de romarias paroquiais fazem a caminhada contemplando os sofrimentos de Cristo nas 15 estações da Via-Sacra.

Basílica Velha — Esta igreja de Monte Carmelo, com sua imponência, beleza e simplicidade, que serviu de Santuário, de 24 de junho de 1888 até 3 de outubro de 1983, quando a Imagem foi transferida definitivamente para o Santuário novo, o templo passou a ser apenas igreja matriz da paróquia de Nossa Senhora da Conceição Aparecida, a célebre e amada Basílica Velha. A transferência trouxe um choque emocional para os que estavam acostumados a visitá-la como Santuário e para os comerciantes um 'abalo' comercial, pois perdiam o privilégio de vendas de suas lojas situadas na praça. A solução melhor será fazer dela, como se está pensando, uma extensão do

Santuário, para se atender melhor pastoralmente o grande número de peregrinos que a freqüentam nos dias de movimento. Nesses dias ela não fica repleta com os lojistas, que estão atrás dos balcões de suas lojas... Visitá-la, pois, pertence ao roteiro religioso de todos os peregrinos.

Museu e Mirante da Torre — É interessante conhecer o panorama da cidade de Aparecida e boa parte do Vale do Paraíba que se pode apreciar do Mirante. Para isso basta subir pelo elevador da Torre. Na descida, você pode aproveitar para conhecer e admirar o acervo de arte e cultura que se encontra no Museu.

Gruta de N. Senhora de Lourdes — Em Guaratinguetá existe no Lar das Crianças uma Gruta que é muito visitada, especialmente pelas romarias do Paraná. É bom para aquelas crianças órfãs e para as Irmãs Salesianas que dirigem aquela casa, pois recebem sempre gêneros alimentícios dos peregrinos.

Logo mais, a partir de 25 outubro deste ano de 1998, quando Frei Antônio de Sant'Ana Galvão for beatificado pela Igreja, certamente a cidade, onde ele nasceu e foi batizado, passará a ter um lugar especial de visita e peregrinação. Outro local que aguarda a mesma sorte será o túmulo do Pe. Vítor Coelho de Almeida, no Centro Velho, e cujo processo de beatificação será aberto em breve.

20
MENSAGEM DO SANTUÁRIO

A intercessão misericordiosa da Mãe de Deus em favor dos romeiros, seus devotos, manifestada neste Santuário, é o dado mais rico e excelente de sua história. É a razão da grande confiança que o povo brasileiro deposita na Senhora da Conceição Aparecida. É a razão de sua intensa procura. Não se trata apenas de um fenômeno de manifestação da religiosidade popular, mas, como logo veremos nos ensinamentos de Santo Afonso, esta confiança na intercessão ou patrocínio de Maria tem fundamento bíblico-teológico na proclamação de Cristo na cruz e faz parte de sua perseverança na fé. Com razão escrevia, em 1895, o superior da comunidade redentorista do Santuário, Pe. Lourenço Gahr: "Sem essa devoção, o povo teria caído em total indiferença religiosa".

A intercessão de Maria aparece, como já vimos, clara e explícita na primeira Santa Missão pregada, em 1748, no povoado de Aparecida, fato que ajudou a fundamentar a vocação cristã mariana do povo brasileiro. O jornalista Augusto Emílio Zaluar fez esta constatação, em 1861: *"A protetora imagem da Senhora Aparecida, que refulge no altar-mor, parece sorrir a todos os infelizes que a invocam, e a quem jamais negou consolação e esperança."*

Essa intercessão sempre foi e continua sendo evidente neste Santuário. É a Casa de Maria, é a Casa da Mãe; por isso, nela, todos os romeiros manifestam sua confiança em Maria e vivem a jubilosa alegria dos filhos de Deus, que esperam a salvação em Cristo.

Doutrina mariana de Santo Afonso — São estes os princípios ditados por ele sobre o papel de Maria no mistério da salvação, conforme a doutrina da Igreja:

"A invocação e veneração dos santos, particularmente de Maria, Rainha dos santos, é uma prática não só lícita senão útil e santa. Pois procuramos por meio dela obter a graça divina. Essa verdade é de fé, estabelecida pelos Concílios contra os hereges que a condenam como injúria feita a Jesus Cristo, nosso único medianeiro junto de Deus Pai".

"Que seja Jesus Cristo nosso único Mediador de justiça a reconciliar-nos com Deus, pelos seus merecimentos, quem o nega? Não obstante isto, Deus terá prazer em conceder-nos sua graça pela intercessão dos santos e, especialmente, de Maria, sua Mãe, a quem tanto Jesus deseja ver amada e venerada. Seria impiedade negar semelhante verdade. Quem ignora que a honra prestada às mães redunda em glória para os filhos?"

"Está fora de dúvida que, pelos merecimentos de Jesus Cristo, foi concedida a Maria a grande autoridade de ser medianeira de nossa salvação, não de justiça, mas de graça e de intercessão, como bem lhe chamou Conrado de Saxônia com o título de 'fidelíssima medianeira de nossa salvação'. Quando suplicamos à Santíssima Virgem para que nos obtenha as graças, não é porque desconfiemos da misericórdia divina, mas é muito antes porque desconfiamos de nossa própria indignidade. Recomendemo-nos, por isso, a Maria, para que sua dignidade supra a nossa miséria."

Em seguida, Santo Afonso declara em que sentido a intercessão de Maria é necessária.

"Que o recorrer, pois, à intercessão de Maria Santíssima seja coisa utilíssima e santa, só podem duvidar os que são faltos de fé. O que, porém, tenho em vista provar, é que esta intercessão é também necessária à nossa salvação. Necessidade, sim, não absoluta, mas moralmente falando como deve ser. A origem dessa necessidade está na própria vontade de Deus, o qual quer que passem pelas mãos de Maria todas as graças que nos dispensa. Tal é a doutrina de São Bernardo, doutrina atualmente comum a todos os teólogos[8]."

É de Santo Afonso esta afirmação que resume tudo o que disse acima: "O verdadeiro devoto de Maria não se perde". O documento Lumen Gentium — Luz dos Povos —, do Concílio Vaticano Segundo, repete a mesma mensagem de Santo Afonso nestes termos: "Maria, sinal de esperança certa e consolo para o peregrinante povo de Deus".

Para que nossos leitores possam guardar mais facilmente em seus corações a Mensagem da Mãe de Deus, e para que ela produza frutos de amor e confiança, vamos sintetizar seus elementos principais, a partir de sua imagem.

Elementos da mensagem — São muitos e muito ricos, e, entre eles, destacamos estes:

— A Imaculada Conceição, a Senhora "Aparecida", é o grande sinal daquela mulher que, isenta do pecado, "apareceu" no céu como esperança da humanidade.

— Nossa Senhora Aparecida é a Mãe na qual Deus manifesta seu poder e o seu amor para com todos os brasileiros.

— A cor negra da Imagem é um convite para a fraternidade do povo brasileiro formado pela mescla de diversas raças.

— Corpo e cabeça decepada simbolizam a reintegração do ser humano pela redenção de Cristo, cujo protótipo é Maria, preservada do pecado.

— Seu encontro nas águas simboliza a água do batismo pelo qual nascemos para Deus pelo Espírito Santo e formamos a Igreja de Cristo, sinal de sua presença no mundo.

— A pesca miraculosa é um apelo e um incentivo ao trabalho; trabalho esse recompensado miraculosamente e cujo fruto foi compartilhado entre os pescadores.

---

[8] Ligório, Santo Afonso M. de — *Glórias de Maria*, Ed. Santuário, 1987, cap. V, p. 130 e ss.

— O milagre das velas simboliza o reacender da vida de Deus no coração do crente; transição do pecado para a vida, das trevas para a luz.

— O milagre do escravo simboliza um apelo, um estímulo para as liberdades fundamentais do homem, encarnadas no escravo que foi resgatado[9], libertado de suas algemas, para ser livre, ser filho de Deus.

— Atitude do patrão do escravo é um apelo de conversão para os grandes em favor dos pequeninos e pobres...

— Mãos postas e olhar compassivo da Imagem representam a misericordiosa intercessão de Maria, a Mãe de Deus, em favor dos que sofrem.

— Manto azul e coroa simbolizam o poder régio de Maria, penhor de bênçãos e de proteção para o povo brasileiro, de quem é Rainha, Mãe e Padroeira.

Toda essa simbologia nos diz que Maria, a Mãe de Deus, intercede por nós todos junto de Jesus Cristo.

O olhar compassivo da Mãe de Misericórdia, estampado na Imagem, foi o segredo que atraiu, e ainda continua a atrair, foi a graça que Filipe Pedroso sentiu ao fitar o rosto machucado e enegrecido da Imagem de Nossa Senhora da Conceição Aparecida, percebendo então claramente, no sorriso compassivo impresso nos lábios entreabertos da Imagem, um sinal que Maria lhe queria dar de sua misericórdia. Sem dúvida era Maria de Nazaré, a Mãe de Jesus, que podendo e querendo ajudá-lo, despertava nele a fé e a confiança no seu patrocínio. É o sorrir compassivo de alguém que compartilha a nossa dor; daquela, que sendo Mãe e Co-redentora por vontade de Deus, pode e quer nos ajudar, e faz brotar no coração dos peregrinos e devotos a "jubilosa esperança de salvação depositada em Cristo". É, sem dúvida, a força de atração espiritual que a Imagem e o Santuário exercem sobre o povo.

---

9 Consta que o patrão depositou, ao pé da Imagem, o *valor* do escravo e o levou para casa como um homem livre.

CRONOLOGIA DO SANTUÁRIO

1628 — Início da colonização do Vale do Paraíba com a concessão da primeira sesmaria a Jaques Félix.

1636 — Jaques Félix funda a Vila de São Francisco das Chagas de Taubaté.

1640 — Por volta desse ano inicia-se o povoamento da região de Guaratinguetá.

1651 — O povoado de Guaratinguetá é elevado à dignidade de paróquia e de Vila.

1685 — Bandeiras do Vale desbravam a região do ouro em Minas Gerais (Ouro Preto).

1685-1710 — Durante a corrida do ouro, Guaratinguetá torna-se entreposto de mercadorias e passagem de grandes levas de migrantes.

1717 — Pescadores pescam a Imagem de Nossa Senhora da Conceição Aparecida.

1717-1732 — A Imagem permanece na casa de Filipe Pedroso no Bairro do Ribeirão do Sá e da Ponte Alta.

1733 — Filipe Pedroso entrega a Imagem a seu filho Atanásio, que lhe constrói um pequeno Oratório no Porto do Itaguaçu. Naquele oratório aconteceram os primeiros milagres.

1743 — Pe. José Alves Vilella, vigário de Guaratinguetá, envia um relatório sobre a devoção do povo para com N. Senhora da Conceição Aparecida e pede licença a D. Frei João da Cruz, bispo do Rio de Janeiro, para construir a primeira igreja em seu louvor.

1743 — A 5 de maio, Dom João da Cruz assina Provisão aprovando o culto a Nossa Senhora da Conceição sob o novo título de Aparecida e concede licença para construir a primeira igreja em seu louvor.

1745 — A 26 de julho, Pe. José inaugura a igreja, benzendo-a e celebrando a santa missa.

1745-1903 — A festa principal de N. Senhora Aparecida é celebrada a 8 de dezembro.

1748 — Missionários jesuítas pregam a primeira missão no povoado.

1752 — Fundação da Irmandade de N. Senhora da Conceição Aparecida, que é aprovada pelo bispo de São Paulo, e cujos estatutos foram aprovados a 25 de maio de 1756.

1760-1770 — Ampliação da igreja com acréscimo de mais uma torre.

1780 — Início do ciclo da cana-de-açúcar no Vale do Paraíba.

1805 — O governo faz o inventário dos bens do Santuário e declara que a Capela (Santuário) é de jurisdição secular. O governo passa a administrar e dispor de seus bens até 1890.

1817 — A 23 e 24 de dezembro, passam pelo Santuário os cientistas austríacos: Karl Frederik Ph. von Martius, Johan B. von Spix e Thomas Ender. Von Martius anotou em seu Diário boas notícias sobre a Imagem e as romarias, e Ender deixou diversas aquarelas do povoado e da igreja, que se encontram na Akademie der Bildenden Künste em Viena.

1822 — O botânico francês Auguste de Saint-Hilaire visita o Santuário, a 24 de março e 24 de abril, descrevendo-o.

1845 — Inicia-se no Vale o ciclo do café, que foi sua riqueza até as primeiras décadas de 1900.

1845 — Inicia-se a construção de nova igreja (Basílica Velha), fachada e torres entre 1845 e 1864.

1860 — O jornalista Augusto Emílio Zaluar visita o Santuário e analisa em sete páginas de seu Diário a influência do Santuário.

1868 — A Princesa Isabel e seu esposo, o Conde d'Eu, participam da festa de Nossa Senhora no Santuário a 8 de dezembro.

1877 — A 3 de julho foi inaugurada a estação ferroviária de Aparecida que facilitaria a vinda de peregrinos.

1878 — Introduziu-se no Santuário a celebração do mês de maio, com festa e procissão no final do mês.

1878-1888 — Frei Joaquim do Monte Carmelo constrói as naves e o presbitério da Basílica Velha.

1888 — A 24 de junho, Dom Lino D. Rodrigues de Carvalho, bispo de São Paulo, inaugura a nova igreja.

1888 — A 6 de novembro, a Princesa Isabel visita novamente o Santuário e deixa como ex-voto uma coroa de ouro cravejada de diamantes e rubis.

1890 — A 17 de janeiro, Dom Lino, bispo de São Paulo, assume a administração do Santuário, após a separação entre Igreja e Estado do Decreto 119A, do governo provisório.

1893 — A 28 de novembro, Dom Lino cria o curato independente de Aparecida e eleva a igreja à dignidade de Santuário Episcopal.

1894 — A 28 de outubro chegam os missionários redentoristas contratados por Dom Joaquim Arcoverde e assumem a pastoral dos peregrinos.

1897 — Os Missionários Redentoristas pregam a primeira Santa Missão em Areias, SP. As Missões Redentoristas foram um dos fatores do crescimento da devoção a Nossa Senhora Aparecida.

1894-1903 — Nesse período, a festa oficial de N. Senhora Aparecida passou a ser celebrada no quinto domingo depois da Páscoa.

1900 — Programam-se romarias oficiais a 8 de setembro para celebrar o Jubileu da Redenção.

1900 — A 11 de novembro, fundação do Jornal Santuário de Aparecida.

1902 — Pela primeira vez os missionários levam uma cópia da Imagem de N. Sra. Aparecida na missão de Queluz, SP.

1904 — A 8 de setembro aconteceu a festa da Coroação da Imagem.

1904-1914 — Nesse período, a festa oficial passou a ser celebrada no primeiro domingo do mês de maio. Continuou a festa do dia 8 de dezembro, e a de 8 de setembro passou a ser a mais concorrida.

1908 — A 29 de abril, o Papa Pio X concede ao Santuário a dignidade de Basílica Menor.

1909 — A 5 de setembro, a igreja foi consagrada por Dom Duarte Leopoldo e Silva para gozar do título de Basílica.

1915-1939 — A festa oficial passou para o dia 11 de maio de cada ano.

1917 — A 8 de setembro celebra-se o Bicentenário do encontro da Imagem.

1929 — A 8 de setembro celebra os 25 anos da Coroação com um Congresso Mariano.

1930 — A 16 de julho, o Papa Pio XI assina o decreto que declara Nossa Senhora Aparecida Padroeira do Brasil.

1931 — A 31 de maio, N. Senhora Aparecida é proclamada oficialmente Padroeira do Brasil na Capital Federal.

1940-1953 — A festa oficial passa para o dia 7 de setembro de cada ano; data escolhida pelo Concílio Plenário dos Bispos de 1939.

1946 — A 10 de setembro lançamento da pedra fundamental do novo Santuário.

1951 — A 8 de setembro fundação da Rádio Aparecida.

1953 — Por decisão da CNBB a festa principal da Padroeira passou a ser celebrada no dia 12 de outubro.

1954 — Como encerramento do Primeiro Congresso da Padroeira do Brasil, houve, a 8 de setembro, nova cerimônia do lançamento da pedra fundamental.

1955 — A 11 de novembro início efetivo da construção da nova igreja, com a concretagem das primeiras sapatas das colunas da nave norte. A conclusão do conjunto se deu em 1980.

1958 — A 8 de dezembro foi instalada a Arquidiocese de Aparecida, criada pelo Papa Pio XII, a 19 de abril daquele ano.

1964 — A 29 de junho, Dom Carlos Carmelo de V. Motta toma posse como primeiro Arcebispo da Arquidiocese de Aparecida.

1965-1968 — Peregrinação da Imagem pelo Brasil.

1967 — Jubileu dos 250 anos do achado da Imagem, celebrado com um Ano Mariano.

1967 — A 15 de agosto o Santuário recebe a Rosa de Ouro, concedida por Paulo VI.

1972 — Celebração do Ano Marial.

1979 — A 19 de fevereiro tomada de posse do segundo Arcebispo de Aparecida, Dom Geraldo M. de M. Penido.

1980 — A 4 de julho o Papa João Paulo II visita Aparecida e consagra a nova igreja e lhe dá o título de Basílica Menor.

1984 — A 12 de outubro, a CNBB declara Aparecida Santuário Nacional.

1996 — A 18 de agosto, tomada de posse do terceiro Arcebispo de Aparecida, Cardeal Dom Aloísio Lorscheider.

ÍNDICE